מִלּוֹן לַקּוֹרֵא הַצָּעִיר

THE NEW ILLUSTRATED
HEBREW-ENGLISH DICTIONARY
FOR YOUNG READERS

by NATHAN GOLDBERG, M.A., M.H.L.

Department of Modern Languages. Brooklyn College

Design and art supervision by EZEKIEL SCHLOSS

Illustrated by ARNOLD LOBEL

KTAV PUBLISHING HOUSE INC.
NEW YORK, N. Y.

Library of Congress Cataloging-in-Publication Data

Goldberg, Nathan.
 [Milon la-kore ha-tsa' ir] = The new illustrated Hebrew-English
dictionary for young readers / by Nathan Goldberg : illustrated by
Arnold Lobel.
    p.   cm.
 English and Hebrew.
 Summary: An illustrated Hebrew-English dictionary, featuring
alternate forms of nouns, frequently used construct forms,
derivative words and expressions, and illustrative sentences.
 ISBN 0-88125-286-7
 1. Hebrew language—Dictionaries, Juvenile—English. [1. Hebrew
language—Dictionaries.] I. Lobel, Arnold, ill. II. Title.
III. Title: New illustrated Hebrew-English dictionary for young
readers.
PJ4833.G64   1990
492.4'321—dc20   90-20254
                                                        CIP
                                                      AC   HE

To All the Children
Who Study Hebrew

As you grow older, dear children,
You will understand
All the tears of love
And faith in God above
That these letters command.

From an old Jewish folk song

How to Use the Dictionary

Nouns. Hebrew nouns are either masculine (זָכָר) or feminine (נְקֵבָה); there is no neuter gender. Generally, a noun is masculine unless it ends in ָה or ת, in which cases it is feminine. Regular nouns follow this rule and are not annotated in the Dictionary as to gender. *Departures from this rule* are noted: *e. g.*, stone (.נ) אֶבֶן; olive (.ז) זַיִת. (A List of Abbreviations employed in the Dictionary will be found below on this page.) Nouns that are both masculine and feminine are so noted: *e. g.*, sun (זו״נ) שֶׁמֶשׁ. Alternate and equally accepted forms of nouns are listed consecutively on the same line, separated by comma. Frequently-used construct forms (סְמִיכוּת) are also given and so labelled (.ס); when these appear in a subordinate entry they are self-explanatory.

Plurals. The plural of masculine nouns is generally formed by the addition of ִים; feminine, וֹת–. Some nouns have more than one plural form. Not all plurals, however, are listed in the Dictionary; exceptions, and irregular patterns that the student could not form by himself are given: *e. g.*, שָׁנָה, שָׁנִים (ר.); קוֹל, קוֹלוֹת (ר.); צֵל, צְלָלִים (ר.); בַּיִת, בָּתִּים (ר.). The dual form (רִבּוּי זוּגִי) is added in many cases. (The student should remember that the gender of a Hebrew noun is always determined by its form in the *singular*.)

Adjectives. Adjectives are given in the masculine singular. The feminine singular form is added in many instances to show the change in vocalization: *e. g.*, big (.נ) גָּדוֹל, גְּדוֹלָה; long (.נ) אָרֹךְ, אֲרֻכָּה. Masculine and feminine plurals of adjectives may be formed by adding ִים or וֹת– to the *basic feminine singular form: e. g.*, אֲרֻכִּים, אֲרֻכּוֹת; גְּדוֹלִים, גְּדוֹלוֹת.

Verbs. Verbs are listed in the third person, masculine singular, past tense (the basic form), followed by the parallel present and future forms in parentheses on the following line. The illustrative sentences show the verbs variously in all the tenses, the imperative, masculine and feminine, singular and plural.

Annotation of parts of speech. Care was exercised not to encumber the text with unnecessary notations or apparatus. Only where there is the possibility of ambiguity are parts of speech noted: ת for תֹאַר (adjective); תה״פ for תֹאַר־הַפֹּעַל (adverb); etc. (See List of Abbreviations below.)

English definitions. Synonyms in the definitions are separated by comma; more diverse meanings are divided by semicolon.

List of Abbreviations

masculine	זָכָר –	ז.
feminine	נְקֵבָה –	נ.
masculine and feminine	זָכָר וּנְקֵבָה –	זו"נ
construct form	סְמִיכוּת –	ס.
plural	רַבִּים, רַבּוֹת –	ר.
dual	רִבּוּי זוּגִי –	ר"ז
adjective	תֹּאַר –	ת.
adverb	תֹּאַר־הַפֹּעַל –	תה"פ

(pl.) following an English definition signifies that the Hebrew has this specialized meaning in the plural.

א אָלֶף

Numerical value: 1

father   אָב, אֲבִי (ס.), אָבוֹת (ר.)

אַבָּא   affectionate name for father

יֵשׁ לִי אָב.   I have a father.

אֲנִי קוֹרֵא לְאָבִי: אַבָּא.
I call my father: Dad.

he lost   . . . אָבַד לְ

(אוֹבֵד, יֹאבַד)

אָבַד לַיֶּלֶד הַכּוֹבַע שֶׁלּוֹ וְהוּא בּוֹכֶה.
The boy lost his hat and he is crying.

אֲבֵדָה   loss

אֲבוּקָה   torch

אַבְזֵם   buckle

אֲבַטִּיחַ   melon, watermelon

אֲבַטִּיחַ צָהֹב   cantaloupe

8

אָבִיב spring

חַג הָאָבִיב Passover, Spring Festival

אֲבָל but

אֲנִי רוֹאֶה אֶת דָּוִד, אֲבָל הוּא אֵינוֹ רוֹאֶה אוֹתִי.

I see David, but he does not see me.

אֶבֶן (נ.), אֲבָנִים (ר.) stone

אֶבֶן טוֹבָה, אֶבֶן יְקָרָה jewel, precious stone

אָבָק dust, powder

אֲבַק־שְׂרֵפָה gunpowder

אֲבָקָה, אִבְקָה powder

אֵבֶר, אֵבָר limb, part of body

הַיָּד וְהָרֶגֶל הֵן אֶבְרֵי הַגּוּף.

The hand and foot are parts of the body.

אֵבֶר, אֶבְרָה wing

אֶגֶד bundle, bandage

אֲגֻדָּה, אִגּוּד group, association, club

אַגָּדָה legend, fable

אֱגוֹז nut, walnut

אֲגָם, אֲגַם lake, pond

אַגָּס pear

אֶגְרוֹף fist

אֵד mist, steam, vapor

אָדוֹן, אֲדוֹן (ס.) master, lord, Sir

אָדִיב, אֲדִיבָה (נ.) polite, courteous

אֲדִיבוּת courtesy

אָדֹם, אֲדֻמָּה (נ.) red

אֲדַמְדָּם reddish

אָדָם, בֶּן־אָדָם man, human being

אָדָם הָרִאשׁוֹן Adam, the first man

earth, ground land אֲדָמָה

architect אַדְרִיכָל, אַרְדִיכָל

he liked, loved אָהַב

(אוֹהֵב, יֶאֱהַב – אֲנִי אֹהַב)

יְלָדִים קְטַנִּים אוֹהֲבִים לְשַׂחֵק בַּחוֹל.

Little children like to play in the sand.

love אַהֲבָה

tent אֹהֶל

or אוֹ

אַתָּה רוֹצֶה תַּפּוּחַ אוֹ אַגָּס?

Do you want an apple or a pear?

goose, gander אַוָּז

goose אַוָּזָה

enemy אוֹיֵב

air אֲוִיר, אַוִּיר

airplane אֲוִירוֹן

electric fan מְאַוְרֵר

אוּלַי perhaps

אוּלַי יֵלְכוּ הַיְלָדִים אֶל גַּן הַחַיּוֹת.
Perhaps the children will go to the zoo.

אוּלָם but; hall

אוּרִי רָצָה לִקְנוֹת סֻכָּרִיּוֹת, אוּלָם לֹא הָיָה לוֹ כֶּסֶף.
Uri wanted to buy candy, but he had no money.

חֶדֶר גָּדוֹל נִקְרָא אוּלָם.
A large room is called a hall.

אוֹלָר penknife, pocketknife

אוֹפָן, אוֹפַן wheel 
אוֹפַנּוֹעַ motorcycle
אוֹפַנַּיִם bicycle

אוֹצָר, אוֹצָרוֹת (ר.) treasure, treasury

אוֹר, אוֹרָה, מָאוֹר light

12

אוֹרֵחַ — guest, visitor

אוֹת (ז.), אוֹתוֹת (ר.) — mark, sign

אוֹת (נ.), אוֹתִיּוֹת (ר.) — letter of the alphabet

אִיּוּת — spelling

אָז — then

הָיִיתִי אָז יֶלֶד קָטָן. — I was a little boy then.

גְּמֹר אֶת הָעֲבוֹדָה שֶׁלְּךָ, אָז תֵּצֵא לְשַׂחֵק.

Finish your work, then you will go out to play.

אֹזֶן (נ.), אָזְנַיִם (ר.) — ear

אָזְנֵי־הָמָן — "Hamantashen"

אָח, אָחִי (ס.), אַחִים (ר.) — brother

אָחוֹת, אֲחוֹת (ס.), אֲחָיוֹת (ר.) — sister

אֶחָד, אַחַת (נ.) — one

אַחַד־עָשָׂר, אַחַת־עֶשְׂרֵה (נ.) — eleven

אֲחָדִים, אֲחָדוֹת (נ.) — several, few

אַחְדוּת — unity

אָחַז — he held, grasped, seized

(אוֹחֵז, יֹאחַז, יֶאֱחֹז)

הָאֵם אוֹחֶזֶת בְּיַד הַתִּינוֹק.

The mother holds the baby's hand.

another, different   אַחֵר, אַחֶרֶת (נ.)

This is a different ball.   זֶה כַּדּוּר אַחֵר.

זֶה לֹא הַכַּדּוּר שֶׁנָּתַתִּי לְךָ.

This is not the ball that I gave you.

otherwise   אַחֶרֶת

he was late   אֵחַר

(מְאַחֵר, יְאַחֵר)

אַבָּא אֵחַר לָבוֹא הַבַּיְתָה.

Father came home late.

late   מְאָחָר

after   אַחַר, אַחֲרֵי

afterwards, later   אַחַר־כָּךְ, אַחֲרֵי־כֵן (אח״כ)

מִרְיָם גָּמְרָה אֶת שִׁעוּרֶיהָ וְאַחַר־כָּךְ יָצְאָה לְשַׂחֵק.

Miriam finished her lessons and she went out to play afterwards.

back   אָחוֹר

backwards   אֲחוֹרַנִּית

דָּוִד יָכוֹל לָלֶכֶת אֲחוֹרַנִּית (לְאָחוֹר).

David can walk backwards.

last   אַחֲרוֹן, אַחֲרוֹנָה (נ.)

אוּרִי הָיָה הָאַחֲרוֹן בַּשּׁוּרָה.

Uri was last in line.

14

אַחְרָאִי, אַחֲרַאי responsible

אַחֲרָיוּת responsibility

אַט, לְאַט slowly

אִטִּי (ת.) slow

עָמוֹס הוּא אִטִּי. Amos is slow.

הוּא עוֹשֶׂה כָּל דָּבָר לְאַט לְאַט (לְאִטּוֹ).

He does everything slowly.

אִטְלִיז butchershop

אִטֵּר left-handed

אִטְרִיָּה, אִטְרִיּוֹת (ר.) noodle

אִי island; not

אֶפְשָׁר possible

אִי־אֶפְשָׁר impossible

אַיֵּה where?

אַיֵּה הַסֵּפֶר? Where is the book?

אֵיזֶה, אֵיזוֹ (נ.), אֵילוּ (ר.) which?

אֵיזֶה כַּדּוּר שֶׁלְּךָ, הַגָּדוֹל אוֹ הַקָּטָן?

Which ball is yours, the big one or the small one?

אֵילוּ סְפָרִים קָרָאתָ?

Which books did you read?

אֵיךְ how?

אֵיךְ נָפַלְתָּ מִן הַכִּסֵּא?
How did you fall off the chair?

אַיִל, אֵילִים (ר.) ram

אַיָּל deer
אַיָּלָה doe

אִילָן, אִילָנוֹת (ר.) tree

אָיֹם, אֲיֻמָּה (נ.) terrible
אֵימָה fear, terror

אֵין there is not
(opposite of יֵשׁ)

לִדְבוֹרָה יֵשׁ פְּרָחִים. Deborah has flowers.
לִיהוּדִית אֵין פְּרָחִים. Judith has no flowers.

אֵין לִי I do not have

אֵיפֹה where?

אֵיפֹה הָיִיתָ? Where were you?

16

man, husband, people (pl.)   אִישׁ, אֲנָשִׁים (ר.)

but   אַךְ

הָאֲרִי גָּדוֹל, אַךְ הַפִּיל גָּדוֹל מִמֶּנּוּ.
The lion is big, but the elephant is bigger.

he ate   אָכַל

(אוֹכֵל, יֹאכַל)

אוֹרָה אוֹכֶלֶת גְּלִידָה.   Ora is eating ice cream.

eating   אֲכִילָה
food   אֹכֶל, מַאֲכָל
one who eats a lot   אַכְלָן

saddle   אֻכָּף

it matters, concerns   אִכְפַּת

מָה אִכְפַּת לְךָ?   What does it matter to you?
לֹא אִכְפַּת לִי.   It doesn't matter to me.

17

farmer, peasant אִכָּר

to אֶל

הַיֶּלֶד הוֹלֵךְ אֶל בֵּית־הַסֵּפֶר.
The boy goes to school.

He is speaking to me. הוּא מְדַבֵּר אֵלַי.

to me, to you . . . . . . אֵלַי, אֵלֶיךָ

don't אַל

Don't do this! אַל תַּעֲשֶׂה זֹאת!

but, except אֶלָּא

אַל תִּסְתַּכֵּל בַּקַּנְקָן אֶלָּא בְּמַה שֶׁיֵּשׁ בּוֹ.
Don't look at the jug but at what it contains.

these אֵלֶּה, אֵלּוּ

יְלָדִים אֵלֶּה מְשַׂחֲקִים בְּכַדּוּר־בָּסִיס.
These boys are playing baseball.

if; but אִלּוּ

אִלּוּ יָדַעְתִּי שֶׁאַתָּה בָּא, הָיִיתִי מְחַכֶּה לְךָ.
If I knew that you were coming, I would
have waited for you.

הַכֹּל בָּאוּ בַּזְּמָן, וְאִלּוּ מַתִּי אֵחַר.
Everybody came on time, but Matty came
late.

18

as if כְּאִלּוּ

אֲנִי זוֹכֵר אֶת הַדָּבָר כְּאִלּוּ קָרָה אֶתְמוֹל.
I remember the matter as if it happened yesterday.

oak אַלּוֹן, אֵלוֹן

mute אִלֵּם

sheaf of wheat אֲלֻמָּה

one thousand אֶלֶף, אֲלָפִים (ר.)

two thousand אַלְפַּיִם

if אִם

אִם תִּלְמַד אֶת שִׁעוּרֶיךָ, תְּקַבֵּל צִיּוּנִים טוֹבִים.
If you study your lessons, you will receive good grades.

mother אֵם, אִמּוֹת, אִמָּהוֹת (ר.)

affectionate name for mother אִמָּא

bath, bathtub אַמְבָּט, אַמְבַּטְיָה

bathroom אַמְבַּטְיָה, חֲדַר־אַמְבָּט

(See also under רָחַץ)

אֱמוּנָה faith, belief, religion

אָמֵן Amen, so be it
(said after blessing or prayer)

אָמְנָם indeed; but

אֲנִי מַאֲמִין I believe

נֶאֱמָן faithful, devoted

אַמִּיץ brave, strong

אַמִּיץ־לֵב courageous

אֻמְלָל unfortunate

אֻמְצָה steak

אֶמְצַע middle

הָאִישׁ יוֹשֵׁב בְּאֶמְצַע הַסַּפְסָל.

The man is sitting in the middle of the bench.

אָמַר he said, told

(אוֹמֵר, יֹאמַר)

הַמּוֹרֶה אָמַר שֶׁיִּתֵּן בְּחִינָה מָחָר.

The teacher said that he would give an examination tomorrow.

אָמַר בְּלִבּוֹ he thought

נֶאֱמַר it was said

מַאֲמָר article, essay, statement

truth אֱמֶת

in truth, indeed, really בֶּאֱמֶת

where to? אָנָה, לְאָן

לְאָן הָלַכְתָּ אֶתְמוֹל, וְאָנָה תֵּלֵךְ מָחָר?
Where did you go yesterday, and where will you go tomorrow?

sigh, groan אֲנָחָה

he sighed נֶאֱנַח

I אֲנִי, אָנֹכִי

we אָנוּ, אֲנַחְנוּ

ship, boat אֳנִיָּה

accident, misfortune אָסוֹן, אֲסוֹנוֹת (ר.)

it is forbidden אָסוּר

אָסוּר לִזְרוֹק נְיָר עַל הָעֵשֶׂב.
It is forbidden to throw paper on the grass.

אָסַף   he gathered, collected

(אוֹסֵף, יֶאֱסֹף)

דָּנִי אוֹסֵף אֶת כָּל הַצַּעֲצוּעִים שֶׁלּוֹ מִן הָרִצְפָּה.
Danny collects all his toys from the floor.

assembly, meeting	אֲסֵפָה
ingathering, harvest	אָסִיף
Succoth, Festival of Ingathering	חַג הָאָסִיף

אַף   nose

אַף   also, even

אַף דָּנִי הַקָּטָן אוֹהֵב לְשַׂחֵק בְּכַדּוּר-בָּסִיס.
Even little Danny likes to play baseball.

although	אַף-עַל-פִּי
nevertheless	אַף-עַל-פִּי-כֵן

אָפָה   he baked

(אוֹפֶה, יֹאפֶה)

אִמִּי אָפְתָה עֻגָּה לִכְבוֹד יוֹם הֻלַּדְתִּי.
My mother baked a cake for my birthday.

baker	אוֹפֶה
bakery	מַאֲפִיָּה

22

אֲפוּנָה pea

אֲפוּנִים בְּתַרְמִיל peas in a pod

אֲפִילוּ even

אֲפִיקוֹמָן Piece of Matzah eaten after the Passover Seder meal

אֲפֵלָה darkness

אֹפֶן manner, way

בְּכָל אֹפֶן in any case

בְּשׁוּם אֹפֶן absolutely not

אֶפֶס nothing, zero

אֹפֶק horizon

אֵפֶר ashes

אָפֹר grey

מַאֲפֵרָה ashtray

אֶפְרֹחַ chick

peach אֲפַרְסֵק

perhaps, possible אֶפְשָׁר

impossible אִי־אֶפְשָׁר

possibility אֶפְשָׁרוּת

finger (נ.) אֶצְבַּע

בַּיָּד חָמֵשׁ אֶצְבָּעוֹת וְאֵלֶּה הַשֵּׁמוֹת שֶׁלָּהֶן:

The hand has five fingers and these are their names:

thumb אֲגוּדָל

index finger אֶצְבַּע

middle finger אַמָּה

ring finger קְמִיצָה

little finger זֶרֶת

thimble אֶצְבָּעוֹן

near, beside, at אֵצֶל

הַמּוֹרֶה עוֹמֵד אֵצֶל הַלּוּחַ.

The teacher stands near the blackboard.

four (נ.) אַרְבָּעָה (ז.), אַרְבַּע

fourteen אַרְבָּעָה־עָשָׂר, אַרְבַּע־עֶשְׂרֵה (נ.)

forty אַרְבָּעִים

fourth (ת.) רְבִיעִי

(See also under רְבִיעִי)

cloth אֶרֶג, אָרִיג

weaver אוֹרֵג

organization אִרְגּוּן

box, trunk אַרְגָּז

stable אֻרְוָה

chest, closet אָרוֹן, אֲרוֹן, אֲרוֹנוֹת (ר.)

Ark in which the Torah scrolls are kept אֲרוֹן־הַקֹּדֶשׁ

clothes closet אֲרוֹן בְּגָדִים

bookcase אֲרוֹן סְפָרִים

he packed אָרַז

(אוֹרֵז, יֶאֱרֹז)

אַבָּא אָרַז אֶת כָּל הַבְּגָדִים שֶׁלִּי בְּאַרְגָּז גָּדוֹל.

Father packed all my clothes in a big trunk.

packing אֲרִיזָה

cedar אֶרֶז, אֲרָזִים

אֹרֶז rice

אֲרֻחָה meal
אֲרֻחַת־בֹּקֶר breakfast
אֲרֻחַת־צָהֳרַיִם lunch
אֲרֻחַת־עֶרֶב supper

אֲרִי, אַרְיֵה, אֲרָיוֹת (ר.) lion

אָרֹךְ, אֲרֻכָּה (נ.) long
אֹרֶךְ length
תַּאֲרִיךְ date

אַרְמוֹן palace

אַרְנֶבֶת rabbit

אַרְנָק purse, wallet

אֶרֶץ (נ.), אֲרָצוֹת (ר.) earth, country, land
אֶרֶץ־יִשְׂרָאֵל Land of Israel
אַרְצוֹת־הַבְּרִית United States

אֵשׁ (נ.) fire

26

woman, wife   אִשָּׁה, נָשִׁים (ר.)

bunch, cluster   אֶשְׁכּוֹל
cluster of grapes   אֶשְׁכּוֹל עֲנָבִים
grapefruit   אֶשְׁכּוֹלִית

guilty   אָשֵׁם

that, which, who   ... אֲשֶׁר, שֶׁ
רָאִיתִי אֶת הָאִישׁ אֲשֶׁר בָּא.
I saw the man who came.
when, as   ... כַּאֲשֶׁר, כְּשֶׁ
אֲנִי שָׂמֵחַ מְאֹד כַּאֲשֶׁר בָּא אַבָּא הַבַּיְתָה.
I am very happy when father comes home.

used before definite object; with   אֶת
I saw David.   רָאִיתִי אֶת דָּוִד.
I saw him.   רָאִיתִי אוֹתוֹ.
He saw me.   הוּא רָאָה אוֹתִי.

with me, with you ...   ... אִתִּי, אִתְּךָ
הָלַכְתִּי אִתּוֹ אֶל בֵּית־הַסֵּפֶר.
I went with him to school.

shovel, spade   אֵת (ז.), אִתִּים (ר.)

27

אַתָּה (ז.), אַתְּ (נ.)   you
אַתֶּם (ז. ר.), אַתֶּן (נ. ר.)

אֶתְמוֹל   yesterday

citron —   אֶתְרוֹג

one of the four species of plants used in the
synagogue service on Succoth

ב בֵּית

Numerical value: 2

בָּא   he came
(בָּא, יָבוֹא)
אַבָּא בָּא הַבַּיְתָה מִן הָעֲבוֹדָה.
Father came home from work.

Come in!   יָבוֹא!

בֵּאֵר   he explained
(מְבָאֵר, יְבָאֵר)
הַמּוֹרֶה בֵּאֵר אֶת הַשִּׁעוּר הֶחָדָשׁ.
The teacher explained the new lesson.

explanation   בֵּאוּר

בְּאֵר (נ.), בְּאֵרוֹת (ר.)   a well

בֻּבָּה   doll

garment, clothes (pl.)   בֶּגֶד, בְּגָדִים (ר.)

אֵלֶּה הֵם הַבְּגָדִים שֶׁלִּי: חֻלְצָה, מִכְנָסַיִם, נַעֲלַיִם וְגַרְבַּיִם.
These are my clothes: a blouse, pants, shoes
and stockings.

linen; pole, twig   בַּד

a joke   בְּדִיחָה

he examined   בָּדַק

(בּוֹדֵק, יִבְדֹּק)

הָרוֹפֵא בָּדַק אֶת הַיֶּלֶד.
The doctor examined the boy.

examination, inspection   בְּדִיקָה

clear, bright   בָּהִיר

29

domestic animal, cattle בְּהֵמָה

הַפָּרָה הִיא בְּהֵמָה.

The cow is a domestic animal.

גַּם הַסּוּס וְהַחֲמוֹר וְהַפֶּרֶד הֵם בְּהֵמוֹת.

The horse, donkey and mule are also domestic animals.

thumb, big toe בֹּהֶן (נ.), בְּהוֹנוֹת (ר.)

postage stamp בּוּל

hole, pit בּוֹר, בּוֹרוֹת (ר.)

young man בָּחוּר

young lady; girl בַּחוּרָה

he tested בָּחַן

(בּוֹחֵן, יִבְחַן)

הַמּוֹרֶה בָּחַן אֶת הַתַּלְמִיד.

The teacher tested the student.

test, examination בְּחִינָה, מִבְחָן

בָּחַר he chose

(בּוֹחֵר, יִבְחַר)

יוֹסִי בָּחַר בַּתַּפּוּחַ הַגָּדוֹל.
Yosi chose the big apple.

בְּחִירָה, מִבְחָר choice
בְּחִירוֹת elections

בָּטוּחַ sure, secure

בֶּטַח surely, certainly
בִּטָּחוֹן confidence, security

בָּטֵל, בְּטֵלָה (נ.) idle; void

בֶּטֶן (נ.) belly

בִּימָה pulpit, stage, platform

בָּמָה stage
בַּמַּאי stage director

בֵּין between, among

מִרְיָם יוֹשֶׁבֶת בֵּין אוּרִי וְדָן.
Miriam is sitting between Uri and Dan.

הִיא יוֹשֶׁבֶת בֵּינִי וּבֵינְךָ.
She is sitting between me and you.

הִיא יוֹשֶׁבֶת בֵּינֵינוּ.
She is sitting between us.

בֵּינְתַיִם, בֵּינָתַיִם meanwhile

31

בֵּיצָה, בֵּיצִים (ר.)   egg

בֵּיצִיָּה   omelet, "bull's-eye"

בַּיְשָׁן   bashful

בַּיִת, בֵּית (ס.), בָּתִּים (ר.), בָּתֵּי (ס.)   house, home

post office	בֵּית־דֹּאַר
hospital	בֵּית־חוֹלִים
factory	בֵּית־חֲרֹשֶׁת
synagogue	בֵּית־כְּנֶסֶת
place of business	בֵּית־מִסְחָר
drugstore	בֵּית־מִרְקַחַת
school	בֵּית־סֵפֶר
Hebrew school	בֵּית־סֵפֶר עִבְרִי

to the house, homeward   הַבַּיְתָה

בָּכָה   he cried, wept

(בּוֹכֶה, יִבְכֶּה)

הַיֶּלֶד בּוֹכֶה כִּי הַגְּלִידָה שֶׁלּוֹ נָפְלָה עַל הָאָרֶץ.

The boy is crying because his ice cream fell
on the ground.

בְּכִי, בְּכִיָּה   crying

בַּכְיָן   one who cries a lot

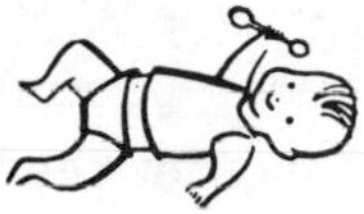

first-born בְּכוֹר

first fruit בְּכוּרִים

Festival of First Fruit, Shavuoth חַג הַבִּכוּרִים

without בְּלִי

הַתִּינוֹק הוֹלֵךְ בְּלִי נַעֲלַיִם.

The baby walks without shoes.

he swallowed בָּלַע

(בּוֹלֵעַ, יִבְלַע)

דָּג גָּדוֹל בָּלַע אֶת הַנָּבִיא יוֹנָה.

A great fish swallowed the prophet Jonah.

son בֵּן, בָּנִים (ר.)

he built בָּנָה

(בּוֹנֶה, יִבְנֶה)

הַבַּנַּאי בּוֹנֶה בַּיִת חָדָשׁ.

The builder is building a new house.

builder בַּנַּאי

a building, structure; בִּנְיָן
conjugation in grammar

33

for, through בְּעַד

כַּמָּה שִׁלַּמְתָּ בְּעַד הַסֵּפֶר?

How much did you pay for the book?

מִרְיָם מַבִּיטָה בְּעַד הַחַלּוֹן.

Miriam looks through the window.

he kicked בָּעַט

(בּוֹעֵט, יִבְעַט)

Dan kicked the football. דָּן בָּעַט בַּכַּדּוּרֶגֶל.

a kick בְּעִיטָה

master, owner, husband בַּעַל

landlord	בַּעַל־בַּיִת
craftsman	בַּעַל־מְלָאכָה
Torah reader in synagogue	בַּעַל־קְרִיאָה
cantor	בַּעַל־תְּפִלָּה
one who blows the Shofar	בַּעַל־תְּקִיעָה
repentent person	בַּעַל־תְּשׁוּבָה

it burned בָּעַר

(בּוֹעֵר, יִבְעַר)

הָעֵצִים בָּעֲרוּ בַּמְּדוּרָה.

The wood burned in the campfire.

mud בֹּץ

swamp בִּצָּה

בָּצָל onion

בָּצֵק dough

בַּצֹּרֶת drought

בַּקְבּוּק bottle

בִּקְעָה valley

בִּקֵּר he visited, criticized, reviewed

(מְבַקֵּר, יְבַקֵּר)

הַדּוֹד וְהַדּוֹדָה שֶׁלִּי בִּקְּרוּ אֶצְלֵנוּ הַיּוֹם.

My uncle and aunt visited us today.

בִּקּוּר a visit

בִּקּוּר חוֹלִים visiting the sick

בִּקֹּרֶת criticism, review

בֹּקֶר, בְּקָרִים (ר.) morning

בָּקָר large cattle

שׁוֹר וּפָרָה הֵם בָּקָר.

An ox and a cow are large cattle.

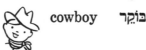

בּוֹקֵר cowboy

בִּקֵּשׁ he asked, looked for

(מְבַקֵּשׁ, יְבַקֵּשׁ)

דְּבוֹרָה בִּקְּשָׁה אֶת אִמָּהּ שֶׁתִּקְנֶה לָהּ שִׂמְלָה חֲדָשָׁה.

Deborah asked her mother to buy her a new dress.

בַּקָּשָׁה	request
בְּבַקָּשָׁה	Please; You are welcome
תַּבְקִישׁ	application

בַּר־מִצְוָה Boy who has reached his thirteenth birthday and is considered an adult for all religious duties

בָּרָא he created

(בּוֹרֵא, יִבְרָא)

מִי בָּרָא אֶת הַשָּׁמַיִם וְאֶת הָאָרֶץ?

Who created the heaven and earth?

בֹּרֶג screw

מַבְרֵג screwdriver

בָּרָד hail

בַּרְוָז duck

בָּרוּר clear, certain

בֶּרֶז faucet

בַּרְזֶל iron

בָּרַח he ran away, fled

(בּוֹרֵחַ, יִבְרַח)

אוֹרָה בּוֹרַחַת מִפְּנֵי הַכֶּלֶב.

Ora runs away from the dog.

בְּרִיחָה running away, fleeing

בָּרִיא well, healthy

בְּרִיאוּת health

לִבְרִיאוּת!, לַבְּרִיאוּת! To health!

(The first is said to one eating; the second, to one who has sneezed.)

בְּרִית alliance, covenant, treaty

בְּרִית־מִילָה circumcision

בֶּן־בְּרִית, בְּנֵי־בְּרִית (ר.) fellow Jew

בֶּרֶךְ (נ.), בִּרְכַּיִם (ר.) knee

בֵּרַךְ he blessed, greeted

(מְבָרֵךְ, יְבָרֵךְ)

הָאָב מְבָרֵךְ אֶת הַיְלָדִים בְּעֶרֶב־שַׁבָּת.

Father blesses the children on Friday evening.

רָאִיתִי אֶת רִנָּה וּבֵרַכְתִּי אוֹתָהּ לְשָׁלוֹם.

I saw Rena and I greeted her.

בְּרָכָה, בְּרָכוֹת (ר.) a blessing, greeting

בָּרוּךְ blessed

בִּרְכַּת הַמָּזוֹן grace after meals

pool, pond   בְּרֵכָה

flash, lightning   בָּרָק

telegram   מִבְרָק

for, for the sake of   בִּשְׁבִיל

אַבָּא קָנָה אוֹפַנַּיִם בִּשְׁבִיל אוּרִי.

Father bought a bicycle for Uri.

for me, for you . . .   . . . בִּשְׁבִילִי, בִּשְׁבִילְךָ

he cooked   בִּשֵּׁל

(מְבַשֵּׁל, יְבַשֵּׁל)

אִמָּא בִּשְּׁלָה מָרָק בְּסִיר גָּדוֹל.

Mother cooked soup in a large pot.

cooking   בִּשּׁוּל

ripe   בָּשֵׁל

fragrance   בֹּשֶׂם

spices   בְּשָׂמִים (ר.)

perfume   מֵי־בֹּשֶׂם

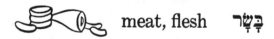

meat, flesh   בָּשָׂר

בִּשֵּׂר   he told (good news)

(מְבַשֵּׂר, יְבַשֵּׂר)

אִמָּא בִּשְּׂרָה לִי אֶת הַבְּשׂוֹרָה הַטּוֹבָה.

Mother told me the good news.

בְּשׂוֹרָה טוֹבָה   good news

בַּת, בָּנוֹת (ר.)   daughter

גּ גִּימֶל

Numerical value: 3

גָּאַל   he redeemed, freed

(גּוֹאֵל, יִגְאַל)

מִי גָּאַל אֶת בְּנֵי־יִשְׂרָאֵל מִמִּצְרַיִם?

Who redeemed the children of Israel from Egypt?

גְּאֻלָּה   redemption

גַּב   back (of body or chair)

עַל־גַּב, עַל־גַּבֵּי	upon
אַגַּב, אֶגַּב	by the way
דֶּרֶךְ אַגַּב	incidentally
אַף־עַל־גַּב	although

גַּבָּה eyebrow

גָּבֹהַּ, גְּבוֹהָה (נ.) high, tall

גֹּבַהּ height

גְּבוּל, גְּבוּלוֹת (ר.) border, boundary, limit

גִּבּוֹר strong; hero

גְּבוּרָה strength, courage, heroism

גְּבִינָה cheese

גָּבִיעַ cup, goblet

גִּבְעָה hill

גֶּבֶר man

גְּבֶרֶת lady, Miss, Mrs.

גַּג roof

גָּדוֹל, גְּדוֹלָה (נ.) big, great, large

גֹּדֶל size

מַגְדֶּלֶת microscope

גְּדִי, גְּדָיִים (ר.) kid, young goat

גָּדֵר, גֶּדֶר (ס.) fence, hedge

גִּהֵץ he ironed

(מְגַהֵץ, יְגַהֵץ)

אִמָּא מְגַהֶצֶת אֶת הַשִּׂמְלָה שֶׁלִּי.

Mother is ironing my dress.

מַגְהֵץ pressing iron

גּוּף body

גּוּפִיָּה undershirt

גִּזְבָּר treasurer

גָּזַז he cut, clipped

(גּוֹזֵז, יִגְזֹז, יָגֹז)

הַסַּפָּר גּוֹזֵז אֶת הַשְּׂעָרוֹת שֶׁל דָּנִי.

The barber is cutting Danny's hair.

גְּזֻזְטְרָה balcony

גָּזַר he cut; issued decree

(גּוֹזֵר, יִגְזֹר)

הַיֶּלֶד גּוֹזֵר נְיָר. The boy is cutting paper.

אַנְטִיוֹכוּס גָּזַר גְּזֵרוֹת רָעוֹת עַל יִשְׂרָאֵל.

Antiochus issued evil decrees against Israel.

גִּזְרָה pattern

גְּזַר־דִּין decree, verdict

גֶּזֶר carrot

גַּחֲלִילִית firefly

גַּיְא, גֵּיא (ס.), גֵּיאָיוֹת (ר.) valley

גִּיל age; joy

גִּיר chalk

גַּל heap, wave

גַּלְגַּל wheel

גַּלְגִּלַּיִם scooter

גַּלְגִּלִּית, גַּלְגִּלִּיוֹת (ר.) roller skate

גִּלְגֵּל he rolled

(מְגַלְגֵּל, יְגַלְגֵּל)

הָאִישׁ מְגַלְגֵּל חָבִית.

The man is rolling a barrel.

גִּלָּה he revealed, discovered

(מְגַלֶּה, יְגַלֶּה)

לֹא גִּלִּיתִי אֶת הַסּוֹד. I did not reveal the secret.

קוֹלוֹמְבּוּס גִּלָּה אֶת אֲמֶרִיקָה.

Columbus discovered America.

גְּלוּיָה   postcard

תַּגְלִית   discovery

גִּלַּח he shaved

(מְגַלֵּחַ, יְגַלֵּחַ)

הַסַּפָּר גִּלַּח אֶת הַזָּקָן וְהַשָּׂפָם.

The barber shaved the beard and moustache.

גִּלּוּחַ   shaving

תִּגְלַחַת   a shave

גְּלִידָה ice cream

גָּלַשׁ he slid down; it overflowed

(גּוֹלֵשׁ, יִגְלֹשׁ)

הַיְלָדִים גּוֹלְשִׁים מִן הַגִּבְעָה. —
The children are sliding down the hill.

הַמַּיִם גּוֹלְשִׁים מִן הַסִּיר הָרוֹתֵחַ.
The water is overflowing from the boiling pot.

מִגְלָשַׁיִם skis

גַּם also

לְעַמִּי יֵשׁ גַּלְגַּלַּיִם.
Ami has a scooter.

גַּם לְיוֹאֵל יֵשׁ גַּלְגַּלַּיִם.
Joel also has a scooter.

גַּמָּד dwarf, midget

גָּמָל, גְּמַלִּים (ר.) camel

גָּמַר he finished, completed

(גּוֹמֵר, יִגְמֹר)

גָּמַרְתִּי אֶת הַשִּׁעוּרִים שֶׁלִּי. I finished my lessons.

גָּמַר בְּלִבּוֹ he decided

גְּמָרָא Body of traditional lore supplementing and elaborating the Mishna; Talmud

גַּן garden, park

גִּנָּה little garden

גַּן־חַיּוֹת zoo

גַּן־יְלָדִים kindergarten

גַּנּוֹן nursery school

גַּן־עֵדֶן paradise

גַּנָּן gardener

גַּנֶּנֶת kindergarten teacher

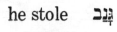

גָּנַב he stole

(גּוֹנֵב, יִגְנֹב)

בַּתּוֹרָה כָּתוּב: לֹא תִּגְנֹב.

In the Torah it is written: "Thou shalt not steal."

גַּנָּב thief

גְּנֵבָה theft

גָּעַר he scolded

(גּוֹעֵר, יִגְעַר)

הַמּוֹרֶה גָּעַר בַּמַּחְלָקָה.

The teacher scolded the class.

גְּעָרָה scolding

גֶּפֶן (נ.), גְּפָנִים (ר.) vine

גַּפְרוּר match

גָּר he lived (resided)

(גָּר, יָגוּר)

אֲנִי גָר בְּבַיִת גָּדוֹל. I live in a big house.

גֶּרֶב, גַּרְבַּיִם (ר.) sock, stocking

גָּרוֹן throat

גַּרְזֶן, גַּרְזִנִּים (ר.) ax

גֹּרֶן, גְּרָנוֹת (ר.) storehouse

גַּרְעִין seed, kernel, nucleus

גֵּרֵשׁ he expelled, chased away

(מְגָרֵשׁ, יְגָרֵשׁ)

גֵּרַשְׁתִּי אֶת הֶחָתוּל מִן הֶחָצֵר.

I chased the cat out of the yard.

גֶּשֶׁם, גְּשָׁמִים (ר.) rain

גֶּשֶׁר bridge

דָּלֶת ד

Numerical value: 4

דָּאַג **he worried**
(דּוֹאֵג, יִדְאַג)
אַל תִּדְאַג, יִהְיֶה טוֹב.
Don't worry, it will be all right.
דְּאָגָה **worry, concern**

דֹּאַר **mail**

בֵּית־דֹּאַר **post office**
דֹּאַר אֲוִיר **air mail**
דַּוָּר **postman**

דֹּב, דֻּבִּים (ר.) **bear**

דֻּבּוֹן **bear cub**

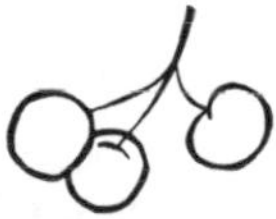

דֻּבְדְּבָן **cherry**

דְּבוֹרָה, דְּבוֹרִים (ר.) **bee**

דֶּבֶק **glue , paste**

דָּבָר, דְּבָרִים (ר.) **thing, matter, word**
דְּבַר־מָה **something**

47

he spoke דִּבֵּר

(מְדַבֵּר, יְדַבֵּר)

אִמָּא מְדַבֶּרֶת בַּטֶּלֶפוֹן.

Mother is speaking on the telephone.

speech, talking, word דִּבּוּר

speaker, one who talks a lot דַּבְּרָן

honey דְּבַשׁ

honey cake דֻּבְשָׁן

he fished דָּג

(דָּג, יָדוּג)

הַדַּיָּג דָּג דָּגִים בַּיָּם.

The fisherman is fishing in the ocean.

fisherman דַּיָּג

fish דָּג

he tickled דִּגְדֵּג

(מְדַגְדֵּג, יְדַגְדֵּג)

אוּרִי דִּגְדֵּג אוֹתִי וַאֲנִי צָחַקְתִּי.

Uri tickled me and I laughed.

tickle דִּגְדּוּג

flag, banner דֶּגֶל, דְּגָלִים (ר.)

example   דֻּגְמָא

grain   דָּגָן

he galloped   דָּהַר

(דּוֹהֵר, יִדְהַר)

הַסּוּס דּוֹהֵר.   The horse is galloping.

uncle   דּוֹד

aunt   דּוֹדָה

silence, quiet   דּוּמִיָּה, דְּמָמָה

generation   דּוֹר, דּוֹרוֹת (ר.)

scarecrow   דַּחְלִיל

he pushed   דָּחַף

(דּוֹחֵף, יִדְחַף)

אֲבִיבָה דּוֹחֶפֶת אֶת הָעֲגָלָה.

Aviva is pushing the baby carriage.

a push   דְּחִיפָה

propeller   מַדְחֵף

49

enough, sufficient   דַּי

ink   דְּיוֹ (זו"נ), דְּיוֹאוֹת (ר.)

inkwell   דְּיוֹתָה

judgment, law   דִּין

lawyer   עוֹרֵךְ־דִּין

court   בֵּית־דִּין
a judge   דַּיָּן

report   דִּין־וְחֶשְׁבּוֹן

Day of Judgment;   יוֹם הַדִּין
Rosh Hashana, Yom Kippur

he was exact, precise   דִּיֵּק, דִּקְדֵּק

(מְדַיֵּק, יְדַיֵּק), (מְדַקְדֵּק, יְדַקְדֵּק)

only so, precisely   דַּוְקָא
not necessarily   לָאו דַּוְקָא
exactly   בְּדִיּוּק
grammar   דִּקְדּוּק

apartment   דִּירָה

poor, thin (sickly)   דַּל

50

pail, bucket דְּלִי

pumpkin דְּלַעַת

door דֶּלֶת, דְּלָתוֹת (ר.)

blood דָּם

tear דִּמְעָה, דְּמָעוֹת (ר.)

page, board דַּף

printing, printing press דְּפוּס
printing house בֵּית־דְּפוּס
printer מַדְפִּיס

he knocked דָּפַק
(דוֹפֵק, יִדְפֹּק)
Who is knocking at the door? מִי דוֹפֵק בַּדֶּלֶת?
a knock דְּפִיקָה

thin דַּק

51

minute (time) דַּקָּה

palm tree דֶּקֶל

south דָּרוֹם

way, road; through דֶּרֶךְ (זו"נ)

Noam walks on the road. נֹעַם הוֹלֵךְ בַּדֶּרֶךְ.

הוּא בָּא דֶּרֶךְ הַשַּׁעַר.

He comes through the gate.

sidewalk מִדְרָכָה

guide, counselor מַדְרִיךְ

good manners דֶּרֶךְ־אֶרֶץ

he demanded; preached a sermon דָּרַשׁ

(דּוֹרֵשׁ, יִדְרֹשׁ)

הַמּוֹרֶה דּוֹרֵשׁ מִן הַתַּלְמִידִים לֹא לְדַבֵּר בִּשְׁעַת הַשִּׁעוּר.

The teacher demands of the students not to talk during the lesson.

הָרַב דּוֹרֵשׁ דְּרָשָׁה בְּכָל שַׁבָּת.

The Rabbi preaches a sermon every Sabbath.

a demand, inquiry דְּרִישָׁה

he sent regards to דָּרַשׁ בִּשְׁלוֹם . . .

greetings, regards דְּרִישַׁת־שָׁלוֹם

sermon דְּרָשָׁה

study; Rabbinic interpretation of the Bible מִדְרָשׁ

לֹא הַמִּדְרָשׁ עִקָּר אֶלָּא הַמַּעֲשֶׂה.

Study is not the most important thing but deed (is).

place where Torah is studied; seminary בֵּית־מִדְרָשׁ

grass דֶּשֶׁא

lawn דִּשְׁאָה

ה הֵא

Numerical value: 5

he (it) lit up הֵאִיר

(מֵאִיר, יָאִיר) .

הַמְּנוֹרָה מְאִירָה אֶת כָּל הַחֶדֶר.

The lamp lights up the whole room.

difference הֶבְדֵּל

division, separation; הַבְדָּלָה

ceremony at the conclusion of the Sabbath and holidays

he promised הִבְטִיחַ

(מַבְטִיחַ, יַבְטִיחַ)

אַבָּא הִבְטִיחַ לִי שֶׁיִּקְנֶה לִי גַּלְגִּלִּיּוֹת.

Father promised me that he would buy me roller skates.

a promise הַבְטָחָה

he brought הֵבִיא

(מֵבִיא, יָבִיא)

אָבִי מֵבִיא הַבַּיְתָה עִתּוֹן בָּעֶרֶב.

My father brings a paper home in the evening.

he looked הִבִּיט

(מַבִּיט, יַבִּיט)

רִנָה מַבִּיטָה בְּעַד הַחַלּוֹן.

Rena looks through the window.

he understood הֵבִין

(מֵבִין, יָבִין)

יוֹסִי יֶלֶד חָכָם. הוּא מֵבִין כָּל דָּבָר.

Yosi is a smart boy. He understands everything.

understanding הֲבָנָה

steering wheel, rudder הֶגֶה

proper (נ.) הָגוּן, הֲגוּנָה

properly כַּהֹגֶן, כָּהֹגֶן

נֹעַם עָנָה כַּהֹגֶן עַל כָּל הַשְּׁאֵלוֹת.

Noam answered all the questions properly.

54

הִגִּיד he told

(מַגִּיד, יַגִּיד)

הַמּוֹרֶה הִגִּיד לָנוּ אֶת הַתְּשׁוּבָה הַנְּכוֹנָה.

The teacher told us the correct answer.

הַגָּדָה telling

הַגָּדָה שֶׁל פֶּסַח Passover Seder service

הִגִּיעַ he arrived, reached

(מַגִּיעַ, יַגִּיעַ)

הָרַכֶּבֶת תַּגִּיעַ לְנְיוּ־יוֹרְק בְּשָׁלֹשׁ.

The train will arrive in New York at three o'clock.

הִדְלִיק he lighted

(מַדְלִיק, יַדְלִיק)

אִמָּא מַדְלִיקָה אֶת הַנֵּרוֹת.

Mother is lighting the candles.

הַדְלָקָה lighting

הֲדַס, הֲדַסִּים (ר.) myrtle —

one of the four species of plants used in the synagogue service on Succoth

הוּא he

הִיא she

הֵם (ז.), הֵן (נ.) they

he led, brought הוֹבִיל

(מוֹבִיל, יוֹבִיל)

הַמּוֹרָה מוֹבִילָה אֶת הַיְלָדִים אֶל מִגְרַשׁ הַמִּשְׂחָקִים.

The teacher leads the children to the play-
ground.

he announced הוֹדִיעַ

(מוֹדִיעַ, יוֹדִיעַ)

הוֹדִיעוּ בָּרַדְיוֹ שֶׁיֵּרֵד גֶּשֶׁם מָחָר.

They announced on the radio that it would
rain tomorrow.

announcement הוֹדָעָה, מוֹדָעָה

he brought, led הוֹלִיךְ

(מוֹלִיךְ, יוֹלִיךְ)

אִמָּא מוֹלִיכָה אוֹתִי אֶל בֵּית־הַסֵּפֶר.

Mother brings me to school.

he added, continued הוֹסִיף

(מוֹסִיף, יוֹסִיף)

אִמָּא מוֹסִיפָה מַיִם לַמָּרָק.

Mother adds water to the soup.

He continued to talk. הוּא הוֹסִיף לְדַבֵּר.

an addition, raise הוֹסָפָה

supplement; additional service מוּסָף
on Sabbath and festive days

56

he took out; spent (money)　הוֹצִיא

(מוֹצִיא, יוֹצִיא)

הָאִישׁ הוֹצִיא מִטְפַּחַת מִן הַכִּיס.

The man took a handkerchief from his pocket.

expense, edition　הוֹצָאָה

taking the Torah　הוֹצָאַת הַתּוֹרָה
from the Ark

he lowered, took down　הוֹרִיד

(מוֹרִיד, יוֹרִיד)

הַצּוֹפֶה הוֹרִיד אֶת הַדֶּגֶל.

The scout lowered the flag.

parents　הוֹרִים

he seated　הוֹשִׁיב

(מוֹשִׁיב, יוֹשִׁיב)

רוּת מוֹשִׁיבָה אֶת הַבֻּבָּה עַל הַכִּסֵּא.

Ruth seats the doll on the chair.

he moved (an object)　הֵזִיז

(מֵזִיז, יָזִיז)

הַפּוֹעֲלִים הֵזִיזוּ אֶת הַפְּסַנְתֵּר.

The workmen moved the piano.

הֵזִיעַ he perspired

(מֵזִיעַ, יָזִיעַ)

הֵם הֵזִיעוּ מִן הָעֲבוֹדָה הַקָּשָׁה.

They perspired from the hard work.

הַזָּעָה perspiring

הִזְכִּיר he mentioned, reminded

(מַזְכִּיר, יַזְכִּיר)

הַמּוֹרֶה הִזְכִּיר אֶת שְׁמִי.

The teacher mentioned my name.

מַזְכִּיר, מַזְכִּירָה (נ.) secretary

הִזְמִין he invited, ordered

(מַזְמִין, יַזְמִין)

דְּבוֹרָה הִזְמִינָה אוֹתִי לַמְּסִבָּה.

Deborah invited me to the party.

הִזְמַנְתִּי כַּרְטִיסִים. I ordered tickets.

הַזְמָנָה invitation, order

הֶחֱזִיק he held

(מַחֲזִיק, יַחֲזִיק)

הַנֶּהָג מַחֲזִיק בָּהֶגֶה. The driver holds the wheel.

הָאֵם מַחֲזִיקָה אֶת הַתִּינוֹק.

The mother holds the baby.

הֶחֱזִיר **he returned (gave back)**
(מַחֲזִיר, יַחֲזִיר)
עוֹדֵד הֶחֱזִיר לִי אֶת רַחַת הַטֶּנִיס.
Oded returned the tennis racket to me.

הֶחֱלִיט **he decided**
(מַחֲלִיט, יַחֲלִיט)
הֶחֱלַטְנוּ לָלֶכֶת אֶל הַגַּן.
We decided to go to the park.

הַחְלָטָה **decision, resolution**

הָיָה **he was**
(הֹוֶה, יִהְיֶה)
חֲבֵרִי הָיָה בַּבַּיִת שֶׁלָּנוּ אֶתְמוֹל.
My friend was in our house yesterday.

הֹוֶה **the present; present tense in grammar**
הָיָה לוֹ **he had**
הָיָה לוֹ סֵפֶר מְעַנְיֵן, וְהוּא נָתַן אוֹתוֹ לִי.
He had an interesting book, and he gave it
to me.

הָיָה לְ... **he became**
אַבְרָהָם הָיָה לְגוֹי גָּדוֹל.
Abraham became a great nation.

הֵיטֵב **well**
דָּנִי קוֹרֵא הֵיטֵב. Danny reads well.

59

he struck, beat   הִכָּה

(מַכֶּה, יַכֶּה)

הַיֶּלֶד הַגָּדוֹל הִכָּה אֶת הַיֶּלֶד הַקָּטָן.

The big boy struck the small boy.

blow, wound, plague   (ר.) מַכָּה, מַכּוֹת

he prepared   הֵכִין

(מֵכִין, יָכִין)

יְהוּדִית הֵכִינָה אֶת שִׁעוּרֶיהָ.

Judith prepared her lessons.

אִמָּא מְכִינָה אֶת אֲרֻחַת־הָעֶרֶב.

Mother is preparing supper.

preparation   הֲכָנָה

prepared, ready   מוּכָן

he recognized, knew   הִכִּיר

(מַכִּיר, יַכִּיר)

יוֹסֵף הִכִּיר אֶת אֶחָיו וְהֵם לֹא הִכִּירוּ אוֹתוֹ.

Joseph recognized his brothers but they did
not recognize him.

recognition, acquaintance   הַכָּרָה

an acquaintance   מַכִּיר, מַכָּר

gratitude   הַכָּרַת טוֹבָה, הַכָּרַת תּוֹדָה

הִכְנִיס he put in, brought in

(מַכְנִיס, יַכְנִיס)

הַתִּינוֹק מַכְנִיס כָּל דָּבָר לַפֶּה.

The baby puts everything into his mouth.

bringing in, income, revenue הַכְנָסָה

hospitality הַכְנָסַת אוֹרְחִים

returning the Torah to the Ark הַכְנָסַת הַתּוֹרָה

הָלְאָה further, onward

Go away! גֶּשׁ הָלְאָה!

from today on מֵהַיּוֹם וָהָלְאָה

הַלְוָאָה a loan

הַלְוַאי I wish that . . .

הַלְוָיָה funeral

הָלַךְ he walked, went

(הוֹלֵךְ, יֵלֵךְ)

הַיְלָדִים הוֹלְכִים אֶל בֵּית־הַסֵּפֶר.

The children are going to school.

is approaching הוֹלֵךְ וּבָא

parade, procession תַּהֲלוּכָה

הִלֵּל he praised

(מְהַלֵּל, יְהַלֵּל)

כָּל הַמּוֹרִים מְהַלְלִים אֶת עֲלִיזָה.
All the teachers praise Aliza.

הַלֵּל Hymns of praise recited on festive days

תְּהִלָּה praise, song of praise

סֵפֶר תְּהִלִּים Book of Psalms

הָמוֹן crowd, multitude; noise

הֲמוֹן דְּבָרִים many things

הַמְחָאָה a check

הִמְשִׁיךְ he continued

(מַמְשִׁיךְ, יַמְשִׁיךְ)

הַמּוֹרֶה אָמַר לְאוּרִי לֹא לְדַבֵּר אֲבָל הוּא הִמְשִׁיךְ לְדַבֵּר.
The teacher told Uri not to talk, but he continued to talk.

הֶמְשֵׁךְ, הַמְשָׁכָה continuation

הַנְדָּסָה geometry, engineering

מְהַנְדֵּס engineer

הִנֵּה here is, here are; behold! presently

הִנֵּה הַסֵּפֶר. Here is the book.

הִנְנִי, הִנֵּנִי Here I am.

here, to this place הֵנָּה

Come here! !בּוֹא הֵנָּה

he placed הִנִּיחַ

(מַנִּיחַ, יַנִּיחַ)

דָּוִד הִנִּיחַ אֶת הַסֵּפֶר עַל הַשֻּׁלְחָן.

David placed the book on the table.

he shook, moved הֵנִיעַ

(מֵנִיעַ, יָנִיעַ)

הָרוּחַ הֵנִיעַ אֶת הָעֵצִים.

The wind shook the trees.

he explained הִסְבִּיר

(מַסְבִּיר, יַסְבִּיר)

הַמּוֹרֶה הִסְבִּיר אֶת הַשִּׁעוּר.

The teacher explained the lesson.

he removed, took off הֵסִיר

(מֵסִיר, יָסִיר)

אִמָּא מְסִירָה אֶת הַמַּפָּה מִן הַשֻּׁלְחָן.

Mother is removing the tablecloth from the table.

he agreed הִסְכִּים

(מַסְכִּים, יַסְכִּים)

הַכֹּל מַסְכִּימִים שֶׁאוֹרָה יַלְדָּה טוֹבָה.

All agree that Ora is a good girl.

agreement, consent הַסְכָּמָה

הִסְפִּיק **he managed, was able to**

(מַסְפִּיק, יַסְפִּיק)

מַתִּי הִסְפִּיק לִקְרֹא אֶת כָּל הַסֵּפֶר בְּיוֹם אֶחָד.

Matty managed to read the whole book in one day.

הִסְתּוֹבֵב **he spun, turned around**

(מִסְתּוֹבֵב, יִסְתּוֹבֵב)

הַסְּבִיבוֹן מִסְתּוֹבֵב מַהֵר מַהֵר.

The top spins very quickly.

הִסְתּוֹבֵב! **Turn around!**

הִסְתַּכֵּל בְּ ... **he looked at**

(מִסְתַּכֵּל, יִסְתַּכֵּל)

בַּתַּעֲרוּכָה הִסְתַּכַּלְנוּ בִּתְמוּנוֹת רַבּוֹת.

At the exhibit we looked at many pictures.

הִסְתַּפֵּר **he took a haircut**

(מִסְתַּפֵּר, יִסְתַּפֵּר)

יוֹאֵל הוֹלֵךְ לַמִּסְפָּרָה לְהִסְתַּפֵּר.

Joel is going to the barber shop to take a haircut.

הֶעֱבִיר **he moved (something), transferred**

(מַעֲבִיר, יַעֲבִיר)

הֶעֱבַרְנוּ אֶת הַמִּטָּה אֶל הַמִּרְפֶּסֶת.

We moved the bed to the porch.

הַעֲבָרָה **moving, transfer**

he woke (someone); remarked   הֵעִיר

(מֵעִיר, יָעִיר)

הַשָּׁעוֹן מֵעִיר אוֹתִי בְּכָל בֹּקֶר בְּשֶׁבַע.

The clock wakes me every morning at seven.

remark, note   הֶעָרָה, הֶעָרָה

copy, translation;   הַעְתֵּק, הַעְתָּקָה

moving (from one dwelling to another)

he frightened   הִפְחִיד

(מַפְחִיד, יַפְחִיד)

The dog frightened me.   הַכֶּלֶב הִפְחִיד אוֹתִי.

he threw down   הִפִּיל

(מַפִּיל, יַפִּיל)

הֶחָתוּל הִפִּיל אֶת הֶעָצִיץ.

The cat threw down the flower pot.

he turned, overturned, changed   הָפַךְ

(הוֹפַךְ, יַהֲפֹךְ)

הַתִּינוֹק הָפַךְ אֶת הַצַּלַּחַת.

The baby overturned the dish.

opposite, reverse (ר.) הֵפֶךְ, הֶפֶךְ, הֲפָכִים

on the contrary   לְהֵפֶךְ

he interrupted, stopped הִפְסִיק

(מַפְסִיק, יַפְסִיק)

הַפּוֹעֲלִים הִפְסִיקוּ אֶת הָעֲבוֹדָה וּמָחָר יַמְשִׁיכוּ.

The workmen interrupted their work, and they will continue tomorrow.

stoppage, intermission הֶפְסֵק, הַפְסָקָה

he excelled הִצְטַיֵּן

(מִצְטַיֵּן, יִצְטַיֵּן)

מִיכָאֵל הִצְטַיֵּן בְּכַדּוּר־בָּסִיס וְדָן הִצְטַיֵּן בְּכַדּוּר־סַל.

Michael excelled in baseball and Dan excelled in basketball.

he was photographed הִצְטַלֵּם

(מִצְטַלֵּם, יִצְטַלֵּם)

מִיכָאֵל וְדָן מִצְטַלְּמִים.

Michael and Dan are being photographed.

he was (felt) sorry הִצְטָעֵר

(מִצְטָעֵר, יִצְטָעֵר)

אֲנִי מִצְטָעֵר עַל הַיֶּלֶד שֶׁנָּפַל מִן הַסֻּלָּם.

I feel sorry for the boy who fell off the ladder.

הִצִּיג　he presented

(מַצִּיג, יַצִּיג)

הַיְלָדִים הִצִּיגוּ מַחֲזֶה יָפֶה.

The children presented a beautiful play.

theatrical performance　הַצָּגָה

הִצִּיל　he saved, rescued

(מַצִּיל, יַצִּיל)

הַמַּצִּיל הִצִּיל אֶת הַיֶּלֶד הַטּוֹבֵעַ.

The lifeguard saved the drowning boy.

lifeguard　מַצִּיל

lifesaving, rescue　הַצָּלָה

הִצְלִיחַ　he succeeded

(מַצְלִיחַ, יַצְלִיחַ)

success　הַצְלָחָה

Good luck!　בְּהַצְלָחָה!

proposal, suggestion, motion　הַצָּעָה

הֵקִים　he erected

(מֵקִים, יָקִים)

הַבַּנָּאִים הֵקִימוּ בִּנְיָן גָּדוֹל.

The builders erected a big building.

67

he listened הִקְשִׁיב

(מַקְשִׁיב, יַקְשִׁיב)

הִקְשַׁבְנוּ לַסִּפּוּר שֶׁסִּפְּרָה סַבְתָּא.

We listened to the story that grandmother told.

mountain הַר, הָרִים (ר.)

he showed הֶרְאָה

(מַרְאֶה, יַרְאֶה)

הַמּוֹרֶה הֶרְאָה לָנוּ סְפָרִים חֲדָשִׁים מֵאֶרֶץ-יִשְׂרָאֵל.

The teacher showed us new books from Israel.

many, much הַרְבֵּה

he killed הָרַג

(הוֹרֵג, יַהֲרֹג)

Cain killed Abel. קַיִן הָרַג אֶת הֶבֶל.

he felt הִרְגִּישׁ

(מַרְגִּישׁ, יַרְגִּישׁ)

אַחֲרֵי הַטִּיּוּל הָאָרֹךְ הִרְגַּשְׁתִּי כְּאֵב חָזָק בְּרַגְלַי.

After the long hike I felt a sharp pain in my legs.

feeling הַרְגָּשָׁה

he lifted, raised　　הֵרִים

(מֵרִים, יָרִים)

הַסַּבָּל הֵרִים מַשָּׂא כָּבֵד.
The porter lifted a heavy load.

he destroyed　　הָרַס

(הוֹרֵס, יַהֲרֹס)

הַשִּׁטָּפוֹן הָרַס אֶת הַגֶּשֶׁר.
The flood destroyed the bridge.

destruction　　הֶרֶס

lecture　　הַרְצָאָה

lecturer　　מַרְצֶה

he left behind, left over　　הִשְׁאִיר

(מַשְׁאִיר, יַשְׁאִיר)

הַמּוֹרָה אָמְרָה לְמִיכָה שֶׁיַּשְׁאִיר אֶת הַצַּעֲצוּעִים שֶׁלּוֹ
בַּבַּיִת.
The teacher told Micah to leave his toys
at home.

he returned (gave back);　　הֵשִׁיב
answered

(מֵשִׁיב, יָשִׁיב)

הֵשַׁבְתִּי אֶת הַסֵּפֶר לְאוּרִי.
I returned the book to Uri.

רוּת לֹא יָדְעָה מַה לְהָשִׁיב עַל הַשְּׁאֵלָה.
Ruth did not know what to answer to the
question.

הִשְׁתַּדֵּל **he tried**

(מִשְׁתַּדֵּל, יִשְׁתַּדֵּל)

אִם תִּשְׁתַּדֵּל, תַּצְלִיחַ.
If you try, you will succeed.

הִשְׁתּוֹמֵם **he was amazed**

(מִשְׁתּוֹמֵם, יִשְׁתּוֹמֵם)

הִשְׁתּוֹמַמְנוּ שֶׁמַּתִּי יָדַע אֶת הַתְּשׁוּבָה.
We were amazed that Matty knew the answer.

הִשְׁתַּמֵּשׁ **he used**

(מִשְׁתַּמֵּשׁ, יִשְׁתַּמֵּשׁ)

עֲמִיאֵל הִשְׁתַּמֵּשׁ בַּמִּלּוֹן הֶחָדָשׁ.
Amiel used the new dictionary.

הִשְׁתַּתֵּף **he participated**

(מִשְׁתַּתֵּף, יִשְׁתַּתֵּף)

כָּל הַיְלָדִים הִשְׁתַּתְּפוּ בַּמִּשְׂחָק.
All the children participated in the game.

הִתְאַגְרְפוּת **boxing**

הִתְבַּיֵּשׁ **he was embarrassed, ashamed**

(מִתְבַּיֵּשׁ, יִתְבַּיֵּשׁ)

הַתַּלְמִיד הִתְבַּיֵּשׁ לָשִׁיר בִּפְנֵי הָאֲסֵפָה.
The student was embarrassed to sing before the assembly.

70

wrestling   הִתְגוֹשְׁשׁוּת

he began   הִתְחִיל

(מַתְחִיל, יַתְחִיל)

הִתְחַלְתִּי לִקְרֹא סֵפֶר חָדָשׁ.

I began to read a new book.

beginning   הַתְחָלָה

competition, contest,   הִתְחָרוּת, תַּחֲרוּת
match

he exercised   הִתְעַמֵּל

(מִתְעַמֵּל, יִתְעַמֵּל)

I exercise every   אֲנִי מִתְעַמֵּל בְּכָל בֹּקֶר.
morning.

athletic exercises   הִתְעַמְּלוּת

he was surprised   הִתְפַּלֵּא

(מִתְפַּלֵּא, יִתְפַּלֵּא)

הִתְפַּלֵּאתִי שֶׁיּוֹסִי הַקָּטָן הֵרִים אֶת הָאֶבֶן הַגְּדוֹלָה.

I was surprised that little Yosi lifted the
big stone.

he prayed   הִתְפַּלֵּל

(מִתְפַּלֵּל, יִתְפַּלֵּל)

אֲנִי הוֹלֵךְ עִם אַבָּא אֶל בֵּית-הַכְּנֶסֶת לְהִתְפַּלֵּל.

I go with Dad to the synagogue to pray.

an attack   הַתְקָפָה

71

ו וָו

Numerical value: 6

וגו׳ (וְגוֹמֵר), וְכוּ׳ (וְכֻלֵּה) etc. (etcetera), and so forth

וַדַּאי, בְּוַדַּאי certainly, surely

וַדַּאי תִּמְצָא אֶת הַסֵּפֶר שֶׁאָבַד לְךָ.

You will surely find the book that you lost.

וַדָּאוּת certainty

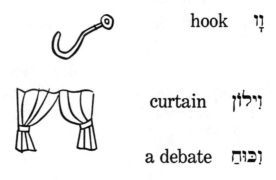

וָו hook

וִילוֹן curtain

וִכּוּחַ a debate

וַעַד committee

וַעֲדָה, וְעָדָה commission

וְעִידָה meeting, conference, convention

וֶרֶד a rose

וָרֹד pink

וִתֵּר he relinquished, gave up

(מְוַתֵּר, יְוַתֵּר)

עוֹדֵד וִתֵּר עַל הַפְּרָס שֶׁקִּבֵּל.

Oded relinquished the prize that he received.

ז זַיִן

Numerical value: 7

זְאֵב wolf

זְבוּב a fly

זֶה (ז.), זֹאת, זוֹ (נ.), אֵלֶּה, אֵלּוּ (ר.) this

זֶה יֶלֶד וְזֹאת יַלְדָּה.

This is a boy and this is a girl.

אֵלֶּה הֵם יְלָדִים. These are children.

זָהָב gold

זָהִיר careful

care	זְהִירוּת
Be careful!	הִזָּהֵר!
warning	אַזְהָרָה

זוּג, זוּגוֹת (ר.) pair

Here is a pair of shoes.   הִנֵּה זוּג נַעֲלַיִם.

זוֹל cheap

cheaply   בְּזוֹל

קָנִיתִי אֶת הַצָּמִיד הַזֶּה בְּזוֹל.

I bought this bracelet cheaply.

זָז he moved

(זָז, יָזוּז)

הַשּׁוֹטֵר לֹא זָז מִמְּקוֹמוֹ.

The policeman did not move from his place.

זָחַל he crawled

(זוֹחֵל, יִזְחַל)

כַּרְמִי הַקָּטָן זוֹחֵל עַל אַרְבַּע.

Little Carmi crawls on all four.

olive זַיִת (ז.), זֵיתִים (ר.)

glass זְכוּכִית

magnifying glass זְכוּכִית מַגְדֶּלֶת

privilege, merit זְכוּת

 male זָכָר

masculine gender in grammar

he remembered זָכַר

(זוֹכֵר, יִזְכֹּר)

אֲנִי זוֹכֵר אֶת מַר רְאוּבֵנִי. הוּא הָיָה מוֹרֶה טוֹב.

I remember Mr. Reuveni. He was a good
teacher.

memory, remembrance זִכָּרוֹן

Day of Remembrance, יוֹם הַזִּכָּרוֹן

Rosh Hashana

memorandum תַּזְכִּיר

time, semester, tense זְמָן, זְמַן

זַמָּר, זַמֶּרֶת (נ.) singer
זֶמֶר song
כְּלֵי־זֶמֶר musical instruments
זִמְרָה singing, music
זְמִירוֹת songs; hymns sung at the Sabbath table
זָמִיר nightingale
תִּזְמֹרֶת orchestra, band

זָנָב, זְנָבוֹת (ר.) tail

זֵעָה perspiration

זֶפֶת tar

זָקֵן, זְקֵנָה (נ.) old
זֹקֶן, זִקְנָה old age
הִזְדַּקֵּן he grew old

זָקָן beard

זֵר wreath

זָר strange, a stranger

זְרוֹעַ (נ.), זְרוֹעוֹת (ר.) arm

76

זָרַח he (it) shone

(זוֹרֵחַ, יִזְרַח)

הַשֶּׁמֶשׁ זוֹרַחַת בַּיּוֹם, וְהַיָּרֵחַ זוֹרֵחַ בַּלַּיְלָה.

The sun shines during the day, and the moon shines at night.

זְרִיחָה, זְרִיחַת הַשֶּׁמֶשׁ   sunrise

זָרִיז alert, quick

זְרִיזוּת   alertness, eagerness

זָרַם he (it) flowed

(זוֹרֵם, יִזְרֹם)

הַמַּיִם זוֹרְמִים בַּנָּהָר.

The water flows in the river.

זֶרֶם   stream

זֶרֶם חַשְׁמַלִּי   electrical current

זָרַע he sowed, planted

(זוֹרֵעַ, יִזְרַע)

הָאִכָּר זָרַע תִּירָס בַּשָּׂדֶה.

The farmer sowed sweet corn in the field.

זֶרַע   seed

77

he threw זָרַק
(זוֹרֵק, יִזְרֹק)

אוּרִי זָרַק אֶת הַכַּדּוּר לְמֶרְחָק רַב.
Uri threw the ball a great distance.

injection זְרִיקָה

ח חֵית

Numerical value: 8

love, affection חִבָּה

lovable חָבִיב

bundle, package חֲבִילָה

barrel חָבִית

omelet חֲבִיתָה

alas, what a pity! too bad! חֲבָל

rope (ר.) חֶבֶל, חֲבָלִים

lily חֲבַצֶּלֶת

78

חָבֵר, חֲבֵרָה (נ.)   friend, member

חֶבֶר, חֲבוּרָה   association, group
חֶבְרָה   company, society

חִבֵּר   he connected, composed;
added (in arithmetic)

(מְחַבֵּר, יְחַבֵּר)

הַחַשְׁמַלַּאי חִבֵּר אֶת שְׁנֵי הַחוּטִים.
The electrician connected the two wires.

חִבּוּר   connection, composition,
addition (in arithmetic)

מְחַבֵּר   author
חוֹבֶרֶת   pamphlet
מַחְבֶּרֶת   notebook

חַג   holiday, festival
חֲגִיגָה   celebration, party

חֲגוֹרָה   belt

חַד   sharp
חֹד   sharpness, point
חִדֵּד   he sharpened

(מְחַדֵּד, יְחַדֵּד)

הַיֶּלֶד מְחַדֵּד עִפָּרוֹן.   The boy sharpens a pencil.

מַחְדֵּד   pencil sharpener

79

חָדַל   he stopped

(חָדֵל, יֶחְדַּל)

הַגֶּשֶׁם חָדַל.   The rain stopped.

חֶדֶר, חֲדָרִים (ר.)   room

חֲדַר־אוֹרְחִים   living room
חֲדַר־אֹכֶל   dining room
חֲדַר־רַחֲצָה   bathroom
חֲדַר־מִטּוֹת   bedroom

חָדָשׁ, חֲדָשָׁה (נ.)   new

חֲדָשׁוֹת   news

חֹדֶשׁ, חֳדָשִׁים (ר.)   month

רֹאשׁ־חֹדֶשׁ   New Moon, first day of the month

חָדְשֵׁי הַשָּׁנָה לְפִי הַלּוּחַ הָעִבְרִי:

The months of the year according to the Hebrew calendar:

תִּשְׁרֵי	נִיסָן
חֶשְׁוָן	אִיָּר
כִּסְלֵו	סִיוָן
טֵבֵת	תַּמּוּז
שְׁבָט	אָב
אֲדָר	אֱלוּל

חוֹב, חוֹבוֹת (ר.)   debt
חוֹבָה   duty, obligation

חוֹבֶשֶׁת   nurse
תַּחְבֹּשֶׁת   bandage

חוּג   circle
חוּג עִבְרִי   Hebrew-speaking circle
מָחוֹג   hand of clock or watch
מְחוּגָה   compass (used in geometry)

חוֹזֶה   contract; prophet

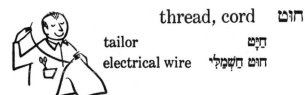

חוּט   thread, cord
חַיָּט   tailor
חוּט חַשְׁמַלִּי   electrical wire

חוֹל, חוֹלוֹת (ר.)   sand

חוּם   brown

חוֹמָה   wall

חוֹף, חוֹפִים (ר.)   shore, coast

81

חוּץ, חוּצוֹת (ר.) outside, street

אִמָּא בַּבַּיִת וְדָנִי מְשַׂחֵק בַּחוּץ.

Mother is in the house and Danny is playing outside (in the street).

חוּץ מְ... except

כָּל הַיְלָדִים בַּחֶדֶר חוּץ מִיּוֹסִי.

All the children are in the room except Yosi.

חוֹר hole

חִוֵּר pale

חָזֶה chest (of the body)

חָזִיָּה, חֲזִיָּה vest

חֲזִיר pig

חַזָּן cantor

חַזָּנוּת cantorial singing

חָזָק, חֲזָקָה (נ.) strong

חֲזַק וֶאֱמָץ! Be strong and courageous!

he returned, repeated, reviewed   חָזַר

(חוֹזֵר, יַחֲזֹר – אֲנִי אֶחֱזֹר)

אִמָּא חוֹזֶרֶת מִן הַחֲנוּת.

Mother is returning from the store.

דָּוִד חָזַר עַל הַשִּׁעוּר פְּעָמִים רַבּוֹת.

David reviewed the lesson many times.

return, repetition, review,   חֲזָרָה
rehearsal

cycle; holiday prayer book   מַחֲזוֹר

he sinned   חָטָא

(חוֹטֵא, יֶחֱטָא)

הָאִישׁ חָטָא וְנֶעֱנַשׁ.

The man sinned and he was punished.

a sin   חֵטְא, חֲטָאִים (ר.)

wheat   חִטָּה, חִטִּים (ר.)

he snatched, grabbed   חָטַף

(חוֹטֵף, יַחְטֹף)

הַכֶּלֶב חָטַף אֶת הָעֶצֶם.

The dog snatched the bone.

living, alive   חַי

life   חַיִּים

a toast: "To life!"   לְחַיִּים!

puzzle, riddle   חִידָה

crossword puzzle   חִידַת תַּשְׁבֵּץ

animal, beast   חַיָּה

הָאֲרִי וְהַפִּיל הֵם חַיּוֹת.
The lion and elephant are animals.

he smiled   חִיֵּךְ

(מְחַיֵּךְ, יְחַיֵּךְ)

a smile   חִיּוּךְ

soldier   חַיָּל

quickly   חִישׁ

he waited   חִכָּה

(מְחַכֶּה, יְחַכֶּה)

הָאֲנָשִׁים מְחַכִּים לָאוֹטוֹבּוּס.
The people are waiting for the bus.

wise, clever, learned   חָכָם

wisdom   חָכְמָה

חֹל secular, weekday

יוֹם רִאשׁוֹן הוּא יוֹם חֹל. יוֹם הַשַּׁבָּת הוּא יוֹם קֹדֶשׁ.

Sunday is a weekday. The Sabbath is a
day of holiness.

חֹל הַמּוֹעֵד the days between the first and
last days of Passover and
Succoth

חָלָב milk

חַלְבָּן milkman

חָלָה he became sick, was sick

(חוֹלֶה, יֶחֱלֶה)

יוֹסִי חָלָה וְשָׁכַב בַּמִּטָּה.

Yosi became sick and he lay in bed.

חוֹלֶה, חוֹלָה (נ.) a sick person

מַחֲלָה sickness, illness, disease

חַלָּה Special loaf of bread for Sabbath and
holidays

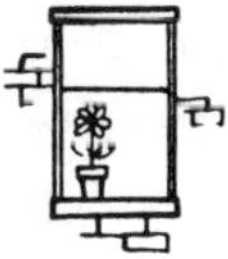

חַלּוֹן, חַלּוֹנוֹת (ר.) window

חָלוּץ, חֲלוּצִים (ר.) pioneer

חָלוּק robe

85

snail חִלָּזוֹן

a link חֻלְיָה

flute חָלִיל

suit חֲלִיפָה

יֵשׁ לִי חֲלִיפָה חֲדָשָׁה לִכְבוֹד הַחַג (הֶחָג).

I have a new suit for the holiday.

he dreamed חָלַם

(חוֹלֵם, יַחֲלֹם)

דָּנִי חוֹלֵם שֶׁהוּא רוֹכֵב עַל סוּס.

Danny is dreaming that he is riding a horse.

a dream חֲלוֹם, חֲלוֹמוֹת (ר.)

shirt, blouse חֻלְצָה

he divided, distributed חִלֵּק

(מְחַלֵּק, יְחַלֵּק)

הַמּוֹרֶה חִלֵּק אֶת הַמַּחְלָקָה לִשְׁתַּיִם.

The teacher divided the class in two.

אִמָּא חִלְּקָה עֻגִיּוֹת לְכָל הַיְלָדִים.

Mother distributed cookies to all the children.

part, portion חֵלֶק, חֲלָקִים (ר.)

division (in arithmetic) חִלּוּק

controversy מַחֲלֹקֶת

חָלָק smooth, blank

חֲלַקְלַק slippery

מַחֲלִיקַיִם ice skates

חַלָּשׁ weak

חֻלְשָׁה weakness

חַם, חַמָּה (נ.) hot, warm

חָמִים warm

חֹם heat, fever

חַמָּה sun

חֶמְאָה butter

מַחְמֵאָה butter dish

חֲמוֹר donkey

חִמֵּם he warmed, heated

(מְחַמֵּם, יְחַמֵּם)

אִמָּא מְחַמֶּמֶת אֶת הַמָּרָק.

Mother is warming the soup.

חֹמֶץ vinegar

חָמוּץ sour

חָמֵץ leaven; leavened bread

חֹמֶר material

חֵמָר clay

חֲמִשָּׁה (ז.), חָמֵשׁ (נ.) five

חֲמִשָּׁה־עָשָׂר, חֲמֵשׁ־עֶשְׂרֵה (נ.) fifteen

חֲמִשִּׁים fifty

חֲמִישִׁי (ת.) fifth

חֹמֶשׁ one-fifth

חֲמִישִׁיָּה quintet, quintuplets

חֲמִשָּׁה־עָשָׂר בִּשְׁבָט – ט"ו בִּשְׁבָט

Fifteenth of Shevat: tree-planting day in Israel

חֻמָּשׁ, חֻמָּשִׁים (ר.) the Five Books of Moses, Torah, Pentateuch; each Book

חֲמֵשֶׁת חֻמְשֵׁי הַתּוֹרָה: the Five Books of the Torah:

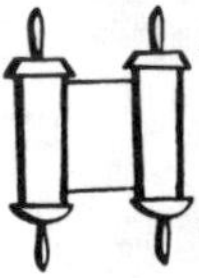

בְּרֵאשִׁית, שְׁמוֹת, וַיִּקְרָא, בַּמִּדְבָּר, דְּבָרִים.

חֵן charm, grace

חָנוּת, חֲנוּת, חֲנֻיּוֹת (ר.) store, shop

חֲנוּת מַכֹּלֶת grocery

חֲנוּת סְפָרִים bookstore

חֶנְוָנִי storekeeper

חֲנִית spear

חִנֵּךְ he educated, trained; dedicated

(מְחַנֵּךְ, יְחַנֵּךְ)

הָאָב חִנֵּךְ אֶת בְּנוֹ. The father trained his son.

- חִנּוּךְ education
- מְחַנֵּךְ educator
- חֲנֻכָּה dedication

חֲנֻכָּה Festival of Dedication,

celebrating the dedication of the Temple by the Maccabees

- חֲנֻכִּיָּה Hanukah Menorah

חִנָּם free of charge; in vain; without cause

הַחֶנְוָנִי נָתַן לָנוּ סֻכָּרִיּוֹת חִנָּם.

The storekeeper gave us candy free of charge.

חַסָּה lettuce

חָסִיד pious man; admirer

חֲסִידָה stork

חָסַךְ he saved

(חוֹסֵךְ, יַחְסֹךְ – אֲנִי אֶחְסֹךְ)

גָּד חָסַךְ כֶּסֶף וְקָנָה מַחְבֵּט וְכַדּוּר בָּסִיס.

Gad saved money and bought a bat and a baseball.

חִסָּכוֹן saving, savings, thrift

חָסַר he (it) was lacking, absent

(חָסֵר, יֶחְסַר)

לֹא חָסְרוּ מַמְתַּקִּים בַּחֲגִיגָה.

There was no candy lacking at the party.

מִי חָסֵר הַיּוֹם?

Who is absent today?

חִסּוּר subtraction (in arithmetic)

חִסָּרוֹן, חֶסְרוֹנוֹת (ר.) defect, lessening

חִפּוּשִׁית beetle

חֹפֶן, חָפְנַיִם (ר.) handful

חָפֵץ he wanted

(חָפֵץ, יַחְפֹּץ)

דַּלְיָה חֲפֵצָה לִהְיוֹת שַׂחְקָנִית.

Dalia wants to be an actress.

חֵפֶץ desire, object

חָפַר **he dug**

(חוֹפֵר, יַחְפֹּר)

הַיְלָדִים חוֹפְרִים בּוֹרוֹת בַּחוֹל.

The children are digging holes in the sand.

חֲפִירָה digging, excavation

חֲפַרְפְּרָה, חֲפַרְפֶּרֶת mole

חִפֵּשׂ **he looked for**

(מְחַפֵּשׂ, יְחַפֵּשׂ)

אוּרִי מְחַפֵּשׂ אֶת הַכּוֹבַע שֶׁלּוֹ.

Uri is looking for his hat.

חִפּוּשׂ a search

חֹפֶשׁ, חֻפְשָׁה **freedom, vacation**

חָפְשִׁי free

חֵץ, חִצִּים (ר.) **arrow**

חֵצִי, חֲצִי (ס.), חֲצָאִים (ר.) **half**

אִמָּא נָתְנָה לִי חֲצִי תַּפּוּחַ.

Mother gave me half an apple.

חֲצוֹת midnight

חֲצָאִית skirt

חָצִיל **eggplant**

trumpet, bugle חֲצֹצְרָה

court, yard חָצֵר (זו״נ), חֲצַר (ס.)

law, rule חֹק, חֻקִּים (ר.)

 he imitated חִקָּה

(מְחַקֶּה, יְחַקֶּה)

דָּוִד מְחַקֶּה אֶת הַמּוֹרֶה.
David imitates the teacher.

he examined, investigated חָקַר

(חוֹקֵר, יַחְקֹר)

הַבַּלָּשׁ חָקַר אֶת הַדָּבָר.
The detective investigated the matter.

one who does research	חוֹקֵר
investigation, exploration	חֲקִירָה
research	מֶחְקָר

 sword חֶרֶב (נ.), חֲרָבוֹת (ר.)

was destroyed חָרַב

(חָרֵב, יֶחֱרַב)

בֵּית־הַמִּקְדָּשׁ חָרַב בְּתִשְׁעָה בְּאָב.
The Temple was destroyed on the Ninth of Av.

destruction חֻרְבָּן

he trembled, was afraid   חָרַד

(חָרַד, יֶחֱרַד)

הַיֶּלֶד חָרַד מִפַּחַד.

The boy trembled from (with) fear.

trembling   חֲרָדָה

mustard   חַרְדָּל

carob   חָרוּב

אָנוּ אוֹכְלִים חָרוּב בְּט"וּ בִּשְׁבָט.

We eat carob on Tu Bishvat.

bead, rhyme   חָרוּז, חֲרוּזִים (ר.)

string of pearls   חֲרוּז פְּנִינִים

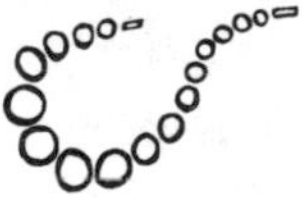

diligent   חָרוּץ

מִיכָה הוּא תַּלְמִיד חָרוּץ.

Micah is a diligent student.

sharp   חָרִיף

הוּא בַּעַל־מֹחַ־חָרִיף.   He has a sharp mind.

הַפִּלְפֵּל חָרִיף מְאֹד.   The pepper is very sharp.

sickle, scythe   חֶרְמֵשׁ

A dish prepared from fruits and nuts, חֲרֹסֶת
eaten at the Passover Seder

winter  חֹרֶף

insect חֶרֶק

הַחַרְגּל וְהַפַּרְפָּר הֵם חֲרָקִים.
The grasshopper and butterfly are insects.

גַּם הָעָשׁ וְהַצְּרָצַר הֵם חֲרָקִים.
The moth and cricket are also insects.

he plowed חָרַשׁ
(חוֹרֵשׁ, יַחֲרשׁ)

הָאִכָּר חוֹרֵשׁ אֶת הָאֲדָמָה.
The farmer is plowing the earth.

plowing חֲרִישָׁה
plow מַחֲרֵשָׁה

craftsman  חָרָשׁ

deaf חֵרֵשׁ

94

he thought, calculated   חָשַׁב

(חוֹשֵׁב, יַחֲשֹׁב)

רוֹן חוֹשֵׁב שֶׁהוּא יוֹדֵעַ אֶת הַכֹּל.

Ron thinks that he knows everything.

thought   מַחֲשָׁבָה

account, calcula-   חֶשְׁבּוֹן, חֶשְׁבּוֹנוֹת (ר.)

tion, arithmetic, bill

important   חָשׁוּב

דּוֹדִי הוּא אָדָם חָשׁוּב.

My uncle is an important person.

darkness   חֹשֶׁךְ, חֲשֵׁכָה

electricity   חַשְׁמַל

electrician   חַשְׁמַלַּאי

cat   חָתוּל

kitten   חֲתַלְתּוּל

he cut   חָתַךְ

(חוֹתֵךְ, יַחְתֹּךְ – אֲנִי אֶחְתֹּךְ)

אִמָּא חָתְכָה לִי חֲתִיכַת עֻגָּה.

Mother cut me a piece of cake.

a slice   חֲתִיכָה

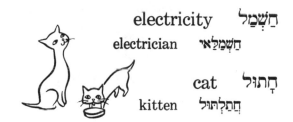

95

he signed, subscribed, sealed חָתַם

(חוֹתֵם, יַחְתֹּם)

הָאִישׁ חָתַם עַל הַחוֹזֶה.

The man signed the contract.

חָתַמְתִּי עַל הָעִתּוֹן.

I subscribed to the newspaper.

signature, subscription, seal חֲתִימָה

כְּתִיבָה וַחֲתִימָה טוֹבָה

לְשָׁנָה טוֹבָה תִּכָּתֵבוּ וְתֵחָתֵמוּ

Rosh Hashana greetings

bridegroom, son-in-law חָתָן

wedding חֲתֻנָּה, חֲתוּנָּה

he rowed; undermined חָתַר

(חוֹתֵר, יַחְתֹּר)

אַמְנוֹן חָתַר בִּשְׁנֵי מְשׁוֹטִים.

Amnon rowed with two oars.

rowing חֲתִירָה

underground מַחְתֶּרֶת

ט טֵית

Numerical value: 9

טֵאטֵא he swept

(מְטַאטֵא, יְטַאטֵא)

רָחֵל מְטַאטֵאת אֶת הַחֶדֶר.

Rachel is sweeping the room.

מַטְאֲטֵא broom

טָבַל he dipped

(טוֹבֵל, יִטְבֹּל)

גָּד טוֹבֵל אֶת הָעֵט בַּדְּיוֹ.

Gad is dipping the pen in the ink.

טְבִילָה dipping, immersion

טָבַע he drowned

(טוֹבֵעַ, יִטְבַּע)

הָאִישׁ טוֹבֵעַ בַּיָּם.

The man is drowning in the ocean.

טֶבַע nature

טַבַּעַת a ring

טִגֵּן he fried

(מְטַגֵּן, יְטַגֵּן)

אִמָּא מְטַגֶּנֶת לְבִיבוֹת.

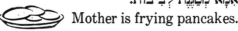

Mother is frying pancakes.

טָהוֹר   clean, pure

טוֹב, טוֹבָה (נ.)   good

טוֹבָה   a favor

טַוָּס   peacock

לַטַּוָּס זָנָב אָרֹךְ וְיָפֶה.
The peacock has a long and beautiful tail.

טָחַן   he ground

(טוֹחֵן, יִטְחַן)

הַטּוֹחֵן טָחַן קֶמַח.   The miller ground flour.

טַחֲנָה   a mill
טַחֲנַת־רוּחַ   windmill
מַטְחֵנָה   food grinder
טוֹחֲנוֹת   molars

טִיֵּל   he went for a walk, hiked

(מְטַיֵּל, יְטַיֵּל)

אֲנִי אוֹהֵב לְטַיֵּל עַל חוֹף הַיָּם.
I like to walk on the seashore.

טִיּוּל   a walk, hike, outing, trip
טַיֶּלֶת   boardwalk

טַל   dew

98

טְלַאי a patch

טָלֶה lamb

טַלִּית (נ.) prayer shawl

טַלִּית קָטָן Prayer shawl that young boy begins to wear (worn under shirt)

טָס he flew

(טָס, יָטוּס)

אַבָּא טָס לְשִׁקָגוֹ בַּאֲוִירוֹן.

Father flew to Chicago in an airplane.

טַיָּס aviator, pilot

מָטוֹס airplane

טַס tray

טָעָה he made a mistake

(טוֹעֶה, יִטְעֶה)

הוּא טָעָה בַּחֶשְׁבּוֹן.

He made a mistake in the calculation.

טָעוּת a mistake

he tasted טָעַם
(טוֹעֵם, יִטְעַם)

אִמָּא טוֹעֶמֶת אֶת הָאֹכֶל בִּשְׁעַת הַבִּשּׁוּל.
Mother tastes the food during the cooking.

a taste טַעַם
tasty טָעִים
delicacy (ר.) מַטְעָם, מַטְעַמִּים

accent and intonation
marks in the Bible:
טְעָמִים, טַעֲמֵי הַמִּקְרָא
מֻנָּח, מַהְפָּךְ, וְכוּ׳

a claim, argument טַעֲנָה

a drop טִפָּה

he climbed טִפֵּס
(מְטַפֵּס, יְטַפֵּס)

דָּנִי מְטַפֵּס עַל הַגָּדֵר.
Danny is climbing on the fence.

fool; foolish טִפֵּשׁ

busy טָרוּד

fresh טָרִי

אֲנִי אוֹהֵב אֶת הָרֵיחַ שֶׁל לֶחֶם טָרִי.
I like the smell of fresh bread.

100

טֶרֶם not yet; before

טָרַף he tore to pieces

(טוֹרֵף, יִטְרֹף)

הֶחָתוּל טָרַף אֶת הַצִּפּוֹר.

The cat tore the bird to pieces.

י

יוֹד

Numerical value: 10

יִבֵּשׁ he dried

(מְיַבֵּשׁ, יְיַבֵּשׁ)

הַשֶּׁמֶשׁ מְיַבֶּשֶׁת אֶת הַכְּבָסִים.

The sun is drying the wash.

יָבֵשׁ dry

יַבָּשָׁה dry land

יַבֶּשֶׁת continent

יָד (נ.), יָדַיִם (ר.) hand

עַל־יַד, לְיַד near, beside

דְּבוֹרָה עוֹמֶדֶת עַל־יַד הַדֶּלֶת.

Deborah is standing near the door.

עַל־יְדֵי by, by means of

שָׁלַחְתִּי אֶת הַחֲבִילָה עַל־יְדֵי הַדֹּאַר.

I sent the package by mail.

יָדִית, יָדִיּוֹת (ר.) a handle

friend   יָדִיד, יְדִיד
friendship   יְדִידוּת

he knew   יָדַע
(יוֹדֵעַ, יֵדַע)

אֲבִיבָה יָדְעָה אֶת כָּל הַתְּשׁוּבוֹת בַּבְּחִינָה.

Aviva knew all the answers on the examination.

knowledge, information   יְדִיעָה
well-known   יָדוּעַ

דּוֹדִי הוּא רוֹפֵא יָדוּעַ.
My uncle is a well-known physician.

opinion   דֵּעָה
knowledge   דַּעַת
science   מַדָּע

Jew; Jewish   יְהוּדִי

diamond   יַהֲלֹם

jubilee, anniversary   יוֹבֵל

יוֹם, יָמִים (ר.)   day

Sunday	יוֹם רִאשׁוֹן
Monday	יוֹם שֵׁנִי
Tuesday	יוֹם שְׁלִישִׁי
Wednesday	יוֹם רְבִיעִי
Thursday	יוֹם חֲמִישִׁי
Friday	יוֹם שִׁשִּׁי
Sabbath	יוֹם שַׁבָּת

two days	יוֹמַיִם
today	הַיּוֹם
all day	כָּל הַיּוֹם
every day	יוֹם־יוֹם, כָּל יוֹם
daily	יוֹמִי
birthday	יוֹם הַלֶּדֶת (הוּלֶדֶת)
by day	יוֹמָם, בַּיּוֹם
diary	יוֹמָן
holiday	יוֹם־טוֹב

Days of Awe: Rosh Hashana   יָמִים נוֹרָאִים
and Yom Kippur
(High Holy Days)

Day of Atonement   יוֹם כִּפּוּר, יוֹם כִּפּוּרִים

יוֹנָה, יוֹנִים (ר.)   dove, pigeon

103

יוֹתֵר **more**

יוֹתֵר מ... **more than**

יוֹתֵר מִדַּי **more than enough**

דָּנִי אָכַל יוֹתֵר מִמֶּנִּי. הוּא אָכַל יוֹתֵר מִדַּי.

Danny ate more than I did. He ate more than enough.

יַחַד **together**

יוֹסִי וְדָנִי מְשַׂחֲקִים יַחַד.

Yosi and Danny are playing together.

יָחִיד **only one; singular in grammar**

יָחֵף **barefoot**

גַּד הוֹלֵךְ יָחֵף. Gad walks barefoot.

יַיִן, יֵינוֹת (ר.) **wine**

יָכֹל **he was able to**

(יָכוֹל, יוּכַל)

אַמְנוֹן יָכוֹל לַעֲמוֹד עַל הָרֹאשׁ.

Amnon is able to stand on his head.

יְכֹלֶת **ability**

יֶלֶד **little boy; child**

יַלְדָּה **little girl**

דָּנִי הוּא יֶלֶד וְשִׁירָה הִיא יַלְדָּה.

Danny is a little boy and Shira is a little girl.

They are good children. הֵם יְלָדִים טוֹבִים.

104

יַלְקוּט — briefcase

יָם, יַמִּים (ר.) — sea, ocean

יָם הַמֶּלַח — Dead Sea

יַם סוּף — Red Sea

יָם הַתִּיכוֹן — Mediterranean Sea

יַמִּיָּה — navy, fleet

יַמַּאי, יַמָּאִים (ר.) — sailor

יָמִין — right hand, right side

יְמָנִי, יְמִינִי (ת.) — right

אֲנִי מֵרִים אֶת יָדִי הַיְמָנִית.

I raise my right hand.

יַנְשׁוּף — owl

יְסוֹד — foundation

יְסוֹדִי — elementary, fundamental

מוֹסָד — institution

יָעֵן, יַעֲנָה, בַּת־יַעֲנָה — ostrich

יַעַר, יְעָרוֹת (ר.) — forest, woods

יַעֲרָן — forester

יָפֶה, יָפָה (נ.) beautiful, handsome, nice

יֹפִי beauty

יָפֶה (תה״פ) nicely, well

יָפֶה עָשִׂיתָ. You have done well.

יְפֵה־תֹאַר, יְפַת־תֹּאַר (נ.) handsome, beautiful

יָצָא he went out

(יוֹצֵא, יֵצֵא)

רוּת יוֹצֵאת מִן הַבַּיִת.

Ruth is going out from the house.

יְצִיאָה going out, exit, exodus

תּוֹצָאָה result

יָצַק he poured

(יוֹצֵק, יִצֹּק, יִצַּק)

אִמָּא יוֹצֶקֶת מַיִם לְתוֹךְ הַסִּיר.

Mother is pouring water into the pot.

מַצֶּקֶת ladle

יָקָר dear, precious

יָרֵא he was afraid

(יָרֵא, יִירָא)

רוֹן יָרֵא מִפְּנֵי הַכֶּלֶב. Ron is afraid of the dog.

יִרְאָה, מוֹרָא fear, awe, reverence

נוֹרָא fearful, terrible

יָמִים נוֹרָאִים Days of Awe: Rosh Hashana and Yom Kippur (High Holy Days)

he went down, descended   יָרַד

(יוֹרֵד, יֵרֵד)

יָרַדְתִּי אֶל הַמַּרְתֵּף.

I went down to the cellar.

It is raining.   .גֶּשֶׁם יוֹרֵד

It is snowing.   .שֶׁלֶג יוֹרֵד

going down, decline   יְרִידָה

slope, incline   מוֹרָד

he shot   יָרָה

(יוֹרֶה, יִירֶה)

Joram shot an arrow.   .יוֹרָם יָרָה חֵץ

הַחַיָּלִים יוֹרִים בְּתוֹתָחִים.

The soldiers are shooting cannons.

shooting, a shot   יְרִיָּה

moon   יָרֵחַ

month   יֶרַח

vegetable   יָרָק, יֶרֶק, יְרָקוֹת (ר.)

הַבָּצָל, הַגֶּזֶר וְהָעַגְבָנִיָּה הֵם יְרָקוֹת.

The onion, carrot and tomato are veg-
etables.

green   יָרֹק, יְרֻקָּה (נ.)

he inherited יָרַשׁ

(יוֹרֵשׁ, יִירַשׁ)

הַבֵּן יָרַשׁ אֶת הַבַּיִת מֵאָבִיו.

The boy inherited the house from his father.

heir יוֹרֵשׁ

inheritance יְרֻשָּׁה

there is, there are יֵשׁ

There is a house here. יֵשׁ פֹּה בַּיִת.

I have, you have . . . יֵשׁ לִי, יֵשׁ לְךָ . . .

I have a new briefcase. יֵשׁ לִי יַלְקוּט חָדָשׁ.

he sat, dwelled יָשַׁב

(יוֹשֵׁב, יֵשֵׁב)

הַיְלָדִים יָשְׁבוּ סָבִיב לַמְּדוּרָה.

The children sat around the campfire.

בְּנֵי-יִשְׂרָאֵל יָשְׁבוּ בְּמִצְרַיִם.

The children of Israel dwelled in Egypt.

session, all-day school, academy יְשִׁיבָה

sitting, dwelling שֶׁבֶת

settlement יִשּׁוּב, מוֹשָׁבָה

inhabitant, native תּוֹשָׁב

108

he slept יָשֵׁן
(יָשֵׁן, יִישַׁן)

I sleep in a large bed. אֲנִי יָשֵׁן בְּמִטָּה גְדוֹלָה.

sleep שֵׁנָה

old יָשָׁן

מָצָאתִי סֵפֶר יָשָׁן בַּמַּרְתֵּף.
I found an old book in the cellar.

straight, honest יָשָׁר

honesty יֹשֶׁר
direct יָשִׁיר

Israel יִשְׂרָאֵל

Israeli יִשְׂרָאֵלִי
the Jewish people עַם יִשְׂרָאֵל

orphan יָתוֹם

mosquito יַתּוּשׁ

the remainder, rest יֶתֶר

דָּנִי וְגָד עוֹמְדִים וְיֶתֶר הַיְלָדִים יוֹשְׁבִים.
Danny and Gad are standing, and the rest
of the children are sitting.

כ, ך **כָּף**

Numerical value: 20

it ached   כָּאַב

(כּוֹאֵב, יְכְאַב)

My head aches.   רֹאשִׁי כּוֹאֵב.

pain, ache   כְּאֵב

headache   כְּאֵב רֹאשׁ

bellyache   כְּאֵב בֶּטֶן

here   כָּאן

I am here.   אֲנִי כָּאן.

he honored   כִּבֵּד

(מְכַבֵּד, יְכַבֵּד)

כַּבֵּד אֶת אָבִיךָ וְאֶת אִמֶּךָ.

Honor your father and mother.

honor, glory   כָּבוֹד

in honor of the Sabbath   לִכְבוֹד שַׁבָּת

honored, respected   נִכְבָּד, מְכֻבָּד

heavy; liver   כָּבֵד

110

כָּבָה went out

(כּוֹבֶה, יִכְבֶּה)

הַנֵּר כָּבָה. The candle went out.

כִּבָּה he put out (a fire)

(מְכַבֶּה, יְכַבֶּה)

הַכַּבָּאִים כִּבּוּ אֶת הַשְּׂרֵפָה.

The firemen put out the fire.

כַּבַּאי fireman

כִּבֵּס he washed (clothes)

(מְכַבֵּס, יְכַבֵּס)

אִמָּא מְכַבֶּסֶת אֶת הַבְּגָדִים.

Mother is washing the clothes.

כְּבִיסָה, כְּבָסִים wash

מַכְבֵּסָה, מִכְבָּסָה laundry

כְּבָר already

אַבָּא הָלַךְ כְּבָר. Father has already gone.

כֶּבֶשׂ lamb, sheep

he conquered, controlled כָּבַשׁ

(כּוֹבֵשׁ, יִכְבֹּשׁ)

יְהוֹשֻׁעַ כָּבַשׁ אֶת יְרִיחוֹ.

Joshua conquered Jericho.

אֵיזֶהוּ גִּבּוֹר, הַכּוֹבֵשׁ אֶת יִצְרוֹ.

Who is strong? He who controls his (evil) inclination.

conquest כִּבּוּשׁ

pitcher כַּד

worthwhile, worthy כְּדַאי, כְּדַי

כְּדַאי לִרְאוֹת אֶת הַסֶּרֶט הֶחָדָשׁ.

It is worth seeing the new movie.

ball כַּדּוּר

baseball כַּדּוּר־בָּסִיס

handball כַּדּוּר־יָד

volley ball כַּדּוּר־מְעוֹפֵף

basketball כַּדּוּר־סַל

football, soccer כַּדּוּר־רֶגֶל, כַּדּוּרֶגֶל

in order to כְּדֵי לְ . . .

עַמִּי הָלַךְ מַהֵר כְּדֵי לִהְיוֹת הָרִאשׁוֹן בְּבֵית־הַסֵּפֶר.

Ami walked quickly in order to be the first in school.

so, thus כֹּה

The thing happened so. כֹּה הָיָה הַדָּבָר.

כֵּהֶה , כֵּהָה (נ.) dark, dim, dull
    צֶבַע כֵּהֶה a dark color
    אוֹר כֵּהֶה a dim light
    עַיִן כֵּהָה dull vision

כֹּהֵן, כֹּהֲנִים (ר.) priest
    כֹּהֵן גָּדוֹל high priest
    כְּהֻנָּה priesthood

כּוֹבַע hat, cap

כּוֹכָב star

כּוֹס (נ.), כּוֹסוֹת (ר.) cup, glass

כַּוֶּרֶת beehive

כּוּשִׁי Negro

כֹּחַ, כֹּחוֹת (ר.) strength

כָּחֹל, כְּחֻלָּה (נ.) blue

113

because, that, when (if)   כִּי

לֹא הָלַכְתִּי אֶל בֵּית־הַסֵּפֶר אֶתְמוֹל כִּי הָיִיתִי חוֹלָה.

I did not go to school yesterday because I was sick.

יָדַעְתִּי כִּי תִמְצָא אֶת הַסֵּפֶר.

I knew that you would find the book.

כִּי תָבוֹא לִרְאוֹת אוֹתִי אֶשְׂמַח מְאֹד.

When you come to see me, I will be very happy.

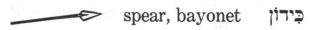

spear, bayonet    כִּידוֹן

wash basin, sink   כִּיּוֹר

pocket, purse   כִּיס

how?   כֵּיצַד

How did you do this?   כֵּיצַד עָשִׂיתָ זֹאת?

How come?   הָא כֵּיצַד?

he modelled in clay   כִּיֵּר

(מְכַיֵּר, יְכַיֵּר)

רִנָּה מְכַיֶּרֶת כֶּלֶב בְּחֵמָר.

Rena is modelling a dog in clay.

clay modelling   כִּיּוּר

cooking stove   כִּירָה, כִּירַיִם

so, thus   כָּךְ, כָּכָה

The thing happened so.   כָּךְ הָיָה הַדָּבָר.

all, every, whole   (ס.) כֹּל, כָּל

everybody, everything   הַכֹּל

הַכֹּל הָלְכוּ לִרְאוֹת אֶת הַסֶּרֶט הֶחָדָשׁ.

Everybody went to see the new movie.

כָּל הַיְלָדִים הָלְכוּ לְרָאִינוֹעַ.

All the children went to the movies.

I read the whole book.   קָרָאתִי אֶת כָּל הַסֵּפֶר.

all of me, all of you. . . .   . . . כֻּלִּי, כֻּלְּךָ

dog   (ר.) כֶּלֶב, כְּלָבִים

puppy   כְּלַבְלַב

bride, daughter-in-law   כַּלָּה

cage   כְּלוּב

anything, something (used   כְּלוּם
with negative) nothing   לֹא כְלוּם

I don't have anything.   אֵין לִי כְּלוּם.

כְּלִי, כֵּלִים (ר.) utensil, tool

סִיר וּמַחֲבַת הֵם כְּלֵי בִּשּׁוּל.

A pot and frying pan are cooking utensils.

פַּטִּישׁ וּמַסּוֹר הֵם כְּלֵי עֲבוֹדָה.

A hammer and saw are tools.

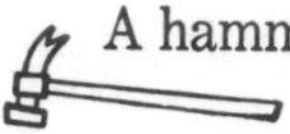

כְּלֵי־זַיִן weapons

כְּלֵי־זֶמֶר musical instruments

כְּלָל general rule, community

כְּלָל, כְּלָל וּכְלָל at all (used with negative)

כְּלָלִי (ת.) general

הוּא יוֹדֵעַ אֶת כְּלָלֵי הַדִּקְדּוּק.

He knows the rules of grammar.

לֹא רָאִיתִי אוֹתוֹ כְּלָל. I did not see him at all.

הָיְתָה לָנוּ אֲסֵפָה כְּלָלִית.

We had a general assembly.

כְּלַל יִשְׂרָאֵל the community of Israel

בִּכְלָל in general

יוֹצֵא מִן הַכְּלָל exception

כַּמָּה how many? how much?

כַּמָּה יְלָדִים בַּתְּמוּנָה הַזֹּאת?

How many children are in this picture?

כַּמָּה שִׁלַּמְתָּ בְּעַד הַסֵּפֶר הַזֶּה?

How much did you pay for this book?

כְּמוֹ **like, as**

יוֹנָתָן גָּבֹהַּ כְּמוֹ אָבִיו.
Jonathan is tall like his father.
(Jonathan is as tall as his father.)

כִּמְעַט **almost**

רוּת גְּבֹהָה כִּמְעַט כְּמוֹ אִמָּהּ.
Ruth is almost as tall as her mother.

כֵּן **yes; so, thus**
לָכֵן, עַל כֵּן **therefore**

כִּנּוֹר **violin**
כַּנָּר **violinist**

כְּנִיסָה **entrance**

כְּנֶסֶת **Israeli Parliament**
בֵּית־כְּנֶסֶת **synagogue**
כִּנּוּס **assemblage, convention**

כָּנָף (נ.), כְּנָפַיִם (ר.) **wing**

כָּנָף (נ.), כְּנָפוֹת (ר.) **edge of garment**
בַּעַל־כָּנָף **bird, winged animal**
„אַרְבַּע כְּנָפוֹת" (כַּנְפוֹת) **small Tallith worn**
under shirt (See also under טַלִּית)

117

כִּסֵּא, כִּסְאוֹת (ר.) chair

כִּסָּה he covered

(מְכַסֶּה, יְכַסֶּה)

אִמָּא מְכַסָּה אֶת הַשֻּׁלְחָן בְּמַפָּה.

Mother covers the table with a tablecloth.

כִּסּוּי, מִכְסֶה a cover

כְּסָיָה, כְּסָיוֹת (ר.) glove

כֶּסֶף money, silver

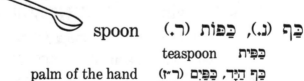

כַּעַךְ pretzel, "bagel"

כָּעַס he was angry

(כּוֹעֵס, יִכְעַס)

אִמָּא כּוֹעֶסֶת עַל נָעֳמִי כִּי הִיא שָׁבְרָה כּוֹס.

Mother is angry at Naomi because she broke a glass.

כַּעַס anger

כַּף (נ.), כַּפּוֹת (ר.) spoon

כַּפִּית teaspoon

כַּף הַיָּד, כַּפַּיִם (ר"ז) palm of the hand

כַּף הָרֶגֶל sole of the foot

כִּפָּה skullcap

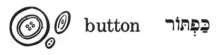

כְּפָפָה, כְּפָפוֹת (ר.) glove

כָּפַל he multiplied, doubled

(כּוֹפֵל, יִכְפֹּל)

לָמַדְתִּי לִכְפֹּל מִסְפָּרִים.

I learned to multiply numbers.

כֶּפֶל, כִּפּוּל multiplication

כִּפְלַיִם twice as many, double

כְּפָר village

כַּפְתּוֹר button

כַּר, כָּרִים(ר.) cushion, pillow

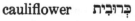

כְּרוּב cabbage

כְּרוּבִית cauliflower

כַּרְטִיס card, ticket

כֶּרֶם, כְּרָמִים (ר.) vineyard

armchair כֻּרְסָה

ritually fit כָּשֵׁר
Kosher meat בָּשָׂר כָּשֵׁר

class, group, sect כַּת, כִּתָּה

he wrote כָּתַב
(כּוֹתֵב, יִכְתֹּב)

אֲנִי כּוֹתֵב מִכְתָּב לַחֲבֵרִי בְּאֶרֶץ־יִשְׂרָאֵל.

I am writing a letter to my friend in Israel.

writing	כְּתָב, כְּתִיבָה
written Law: Torah, Bible	תּוֹרָה שֶׁבִּכְתָב
Bible	כִּתְבֵי־ (כְּתָבֵי־) הַקֹּדֶשׁ
it is written; Biblical verse	כָּתוּב
Writings: third section of Bible (תַּנַ״ךְ)	כְּתוּבִים
marriage certificate	כְּתֻבָּה
correspondent, newspaperman	כַּתָּב
address, inscription	כְּתֹבֶת
letter	מִכְתָּב
desk	מַכְתֵּבָה
Rosh Hashana greeting (See also under חָתַם)	לְשָׁנָה טוֹבָה תִּכָּתֵבוּ

כֹּתֶל wall

הַכֹּתֶל הַמַּעֲרָבִי the Western Wall — remains of the Temple in Jerusalem (the Wailing Wall)

כֶּתֶם stain

כָּתֹם, כְּתֻמָּה (נ.) yellow, orange

כֻּתֹּנֶת, כֻּתָּנוֹת (ר.) shirt

כְּתֹנֶת לַיְלָה nightgown

כָּתֵף (נ.), כְּתֵפַיִם (ר"ז), כְּתֵפוֹת (ר.) shoulder

כְּתֵפוֹת, כְּתֵפִיּוֹת suspenders

כֶּתֶר crown

כֶּתֶר תּוֹרָה Torah crown

ל לָמֶד

Numerical value: 30

לֹא no, not

הֲרָאִיתָ אֶת אוּרִי? Did you see Uri?

לֹא, לֹא רָאִיתִי אוֹתוֹ. No, I did not see him.

לֹא כְלוּם nothing

לֵב, לֵבָב, לִבּוֹת, לְבָבוֹת (ר.)   heart

לִבִּי, לְבָבִי   my heart
לִבְּךָ, לְבָבְךָ   your heart

לְבַד, בִּלְבַד   alone, only

לְבַדִּי   I alone
לְבַדּוֹ   he alone

כָּל הַיְלָדִים הָלְכוּ יַחַד, אֲבָל דָּנִי הָלַךְ לְבַדּוֹ.
All the children went together, but Danny
went alone.

לְבַד מ . . . ., מִלְּבַד   except, besides, in
addition to

לְבִיבָה   pancake, "latke"

לָבָן, לְבָנָה (נ.)   white

לְבָנָה   moon

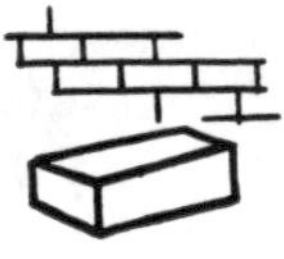

לְבֵנָה, לְבֵנִים (ר.)   brick

לָבַשׁ   he wore, put on
(לוֹבֵשׁ, יִלְבַּשׁ)

אֲנִי לוֹבֵשׁ מִכְנָסַיִם וְחַנָּה לוֹבֶשֶׁת שִׂמְלָה.
I wear trousers and Hannah wears a dress.

לְבוּשׁ, מַלְבּוּשׁ   garment
תִּלְבֹּשֶׁת   clothes, uniform, costume

122

33rd day of the Omer— ל"ג בָּעֹמֶר

festive day celebrated between Passover and
 Shavuoth

blade of sword or knife, flame לַהַב

flame לֶהָבָה

if; would that . . . לוּ

לוּ יָדַעְתִּי שֶׁיֵּרֵד גֶּשֶׁם, הָיִיתִי לוֹקֵחַ מִטְרִיָּה.

If I knew that it would rain, I would have
 taken an umbrella.

tablet, blackboard, לוּחַ, לוּחוֹת (ר.)
 table, chart, calendar

לוּחוֹת, שְׁנֵי לוּחוֹת הַבְּרִית

Tablets containing the Ten Commandments

multiplication table לוּחַ הַכֶּפֶל

small slate tablet, license plate לוּחִית

chicken coop לוּל

palm branch— לוּלָב

one of the four species of plants used in the
 synagogue service on Succoth

wet, moist לַח

לְחִי, לֶחִי, לְחָיַיִם (ר.)   cheek

לֶחֶם   bread
לַחְמָנִיָּה   roll, bun

לָחַץ   he pressed, oppressed
(לוֹחֵץ, יִלְחַץ)
הַנַּעַל הַצָּרָה לָחֲצָה אֶת רַגְלִי.
The tight shoe pressed my foot.
הוּא לָחַץ אֶת יָדִי.   He clasped my hand.
פַּרְעֹה לָחַץ אֶת בְּנֵי-יִשְׂרָאֵל.
Pharaoh oppressed the children of Israel.
לַחַץ   pressure, oppression

לָחַשׁ   he whispered
(לוֹחֵשׁ, יִלְחַשׁ)
דַּלְיָה לוֹחֶשֶׁת סוֹד בְּאָזְנִי.
Dalia is whispering a secret in my ear.
לַחַשׁ, לְחִישָׁה   whisper, whispering
תְּפִלָּה בְּלַחַשׁ (עֲמִידָה)   silent prayer

לְטָאָה   lizard

124

to me לִי

אַבָּא נָתַן לִי עֵט נוֹבֵעַ חָדָשׁ.

Father gave me a new fountain pen.

to him	לוֹ
to her	לָה
to us	לָנוּ

night לַיְלָה (ז.), לֵילוֹת (ר.)

clown, jester, comedian לֵיצָן, לֵץ

a joke הֲלָצָה

he dirtied, soiled לִכְלֵךְ

(מְלַכְלֵךְ, יְלַכְלֵךְ)

דָּנִי לִכְלֵךְ אֶת בְּגָדָיו.

Danny dirtied his clothes.

dirt	לִכְלוּךְ
dirty, soiled	מְלֻכְלָךְ

therefore לָכֵן

שָׁמַעְתִּי שֶׁאַתָּה חוֹלֶה, וְלָכֵן בָּאתִי לִרְאוֹת אוֹתְךָ.

I heard that you were ill, and therefore I came to see you.

125

he studied, learned **לָמַד**

(לוֹמֵד, יִלְמַד)

אֲנִי לוֹמֵד בְּבֵית־סֵפֶר עִבְרִי.

I study in a Hebrew school.

pupil, student תַּלְמִיד

scholar תַּלְמִיד־חָכָם

study, learning; the Mishna and Gemara תַּלְמוּד

study of Torah; Hebrew school תַּלְמוּד־תּוֹרָה

he taught **לִמֵּד**

(מְלַמֵּד, יְלַמֵּד)

הַמּוֹרִים מְלַמְּדִים אוֹתָנוּ דְּבָרִים מְעַנְיְנִים מְאֹד.

The teachers teach us very interesting things.

study, learning, teaching לִמּוּד

why? **לָמָּה**

below, down **לְמַטָּה**

above, up **לְמַעְלָה**

הַשָּׁמַיִם לְמַעְלָה וְהָאָרֶץ לְמַטָּה.

The sky is above and the earth is below.

לְמַעַן in order that, for the sake of

לְמַעֲנִי for my sake

לְמַעַנְךָ for your sake

לָעַס he chewed

(לוֹעֵס, יִלְעַס)

אֲנִי אוֹהֵב לִלְעֹס גֻּמִּי־לָעַס.

I like to chew chewing gum.

לְעִיסָה chewing

לַפִּיד torch

לִפְנֵי before

אָנוּ גוֹמְרִים אֶת הַלִּמּוּדִים לִפְנֵי הַצָּהֳרַיִם.

We finish our studies before noon.

רוּת עוֹמֶדֶת לִפְנֵי הָרְאִי.

Ruth stands before the mirror.

לִפְנוֹת towards, before

חָזַרְנוּ הַבַּיְתָה לִפְנוֹת עֶרֶב.

We returned home towards evening.

לֶפֶת turnip

לִפְתָּן dessert

לָקַח he took

(לוֹקֵחַ, יִקַּח)

מִישֶׁהוּ לָקַח אֶת הַכּוֹבַע שֶׁלִּי.

Someone took my hat.

לָקוֹחוֹת buyers, customers

לִקֵּק he licked, lapped up

(מְלַקֵּק, יְלַקֵּק)

הֶחָתוּל מְלַקֵּק אֶת הֶחָלָב.

The cat laps up the milk.

לַקְקָן one who has a sweet tooth

לִקְרַאת towards (to meet)

לִקְרָאתִי towards me

לִקְרָאתוֹ towards him

יָצָאתִי לִקְרַאת אִמָּא וְהִיא בָּאָה לִקְרָאתִי.

I went out towards mother, and she came towards me.

לָשׁ he kneaded

(לָשׁ, יָלוּשׁ)

הָאוֹפֶה לָשׁ אֶת הַבָּצֵק.

The baker kneads the dough.

לָשׁוֹן tongue, language

לְשׁוֹן־הַקֹּדֶשׁ the Hebrew language

office לִשְׁכָּה

מ, ם מֵם

Numerical value: 40

very; very much מְאֹד

תָּמָר יַלְדָּה יָפָה מְאֹד.
Tamar is a very pretty girl.

one hundred, century מֵאָה

two hundred מָאתַיִם

anything, something (used מְאוּמָה
with negative)

I don't have anything. אֵין לִי מְאוּמָה.

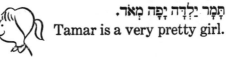

scales מֹאזְנַיִם

from where? מֵאַיִן

Where did you come from? מֵאַיִן בָּאתָ?

מַאֲכָל   food

מַאֲפִיָּה   bakery

מֵאֵת   from, by (an author)

קִבַּלְתִּי מַתָּנָה מֵאֵת אִמִּי.
I received a gift from my mother.

הַמּוֹרֶה קָרָא לָנוּ שִׁיר מֵאֵת בְּיַאלִיק.
The teacher read us a poem by Bialik.

מַבּוּל   flood

מִבְרֶשֶׁת   brush

מִגְבַּעַת   hat

מַגֶּבֶת   towel

מִגְדָּל   tower

מַגְהֵץ   pressing iron

מַגָּל   sickle, scythe

מְגִלָּה   scroll; Book of Esther

מָגֵן   shield

מָגֵן־דָּוִד   Jewish star

מַגָּף, מַגָּפַיִם (ר.) boot

מַגְרֵדָה grater

מְגֵרָה drawer

מַגְרֵפָה rake

מִגְרָשׁ field, plot of land

מִגְרַשׁ מִשְׂחָקִים playground

מַגָּשׁ tray

מִדְבָּר desert, wilderness

מָדַד he measured

(מוֹדֵד, יִמְדֹּד, מְדֹד)

הַנַּגָּר מָדַד אֶת אֹרֶךְ הַקֶּרֶשׁ.

The carpenter measured the length of the board.

מִדָּה, מִדּוֹת (ר.) measure, size, quality

מַדּוּעַ why?

מְדוּרָה bonfire, campfire

מְדִינָה state, country

מְדִינַת־יִשְׂרָאֵל State of Israel

knowledge, science מַדָּע

shelf מַדָּף

step, stairs (pl.), (ר.) מַדְרֵגָה, מַדְרֵגוֹת
degree

what? מַה

What's the matter? מַה יֵּשׁ?

paper clip, clothespin  מְהַדֵּק

he hurried מִהֵר
(מְמַהֵר, יְמַהֵר)

I am hurrying home. אֲנִי מְמַהֵר הַבַּיְתָה.

quickly מַהֵר, מְהֵרָה

speed מְהִירוּת

meaning; it is understood מוּבָן

מַה מוּבָן הַמִּלָּה הַזֹּאת?
What is the meaning of this word?

Is it understood? מוּבָן?

of course כַּמּוּבָן

announcement, advertisement מוֹדָעָה

132

 banana מוּז

eraser מוֹחֵק, מַחַק

ready, prepared מוּכָן

opposite (facing) מוּל

אֲנַחְנוּ גָּרִים מוּל בֵּית־הַכְּנֶסֶת.
We live opposite the synagogue.

birthplace, homeland מוֹלֶדֶת

 taxi מוֹנִית

appointed time, festival, holiday מוֹעֵד

festival greeting מוֹעֲדִים לְשִׂמְחָה

 teacher מוֹרֶה, מוֹרָה (נ.)

teachers מוֹרִים, מוֹרוֹת (נ.)

death מָוֶת, מוֹת (ס.), מִיתָה

dead; he died מֵת

altar מִזְבֵּחַ

133

he poured, mixed　מָזַג

(מוֹזֵג, יִמְזֹג)

אַבָּא מוֹזֵג כּוֹס יַיִן וּמְקַדֵּשׁ.

Father pours a cup of wine and recites the Kiddush.

weather　מֶזֶג־אֲוִיר

suitcase, valise　מִזְוָדָה

doorpost;　　מְזוּזָה

scroll containing the Shema, fixed on the doorpost

food　מָזוֹן

grace after meals　בִּרְכַּת הַמָּזוֹן

cupboard, buffet　מִזְנוֹן

luck　מַזָּל

Good luck!　מַזָּל טוֹב!

fork　(ר.) מַזְלֵג, מַזְלְגוֹת, מִזְלָגוֹת

psalm, song of praise　מִזְמוֹר

מְזרון, מִזְרָן mattress

מִזְרָח east

מֹחַ, מֹחוֹת (ר.) brain

מָחָא כַּף he applauded

(מוֹחֵא, יִמְחָא)

הַקָּהָל מָחָא כַּף לִכְבוֹד הַשַּׂחְקָן.

The audience applauded the actor.

מְחִיאַת־כַּפַּיִם, מְחִיאוֹת־כַּפַּיִם applause

מַחֲבוֹא hiding place

הַיְלָדִים שִׂחֲקוּ בְּמַחֲבוֹאִים.

The children played hide-and-seek.

מַחְבֶּרֶת, מַחְבָּרוֹת (ר.) notebook

מַחֲבַת frying pan

מַחְדֵּד pencil sharpener

מָחוֹל, מְחוֹלוֹת (ר.) dance

English	Hebrew
sight, view, play, scene	מַחֲזֶה, מַחֲזוֹת (ר.)
needle	מַחַט (נ.), מְחָטִים (ר.)
price	מְחִיר
sickness, illness, disease	מַחֲלָה
class, department	מַחְלָקָה, מַחְלְקָה
camp	מַחֲנֶה, מַחֲנוֹת (ר.)
warehouse	מַחְסָן
floor mat	מַחְצֶלֶת
tomorrow	מָחָר
string	מַחֲרֹזֶת
string of pearls	מַחֲרֹזֶת פְּנִינִים
plow	מַחֲרֵשָׁה
thought	מַחֲשָׁבָה
broom	מַטְאֲטֵא
kitchen	מִטְבָּח

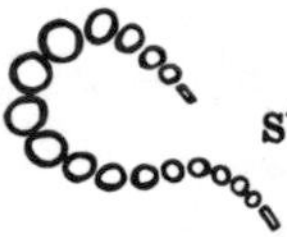

מַטְבֵּעַ (זו״נ), מַטְבְּעוֹת (ר.) coin

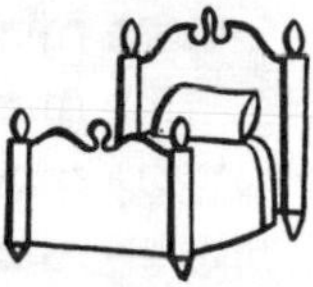

bed מִטָּה

handkerchief, kerchief מִטְפַּחַת

rain מָטָר

umbrella מִטְרִיָּה

aim, goal, target מַטָּרָה

who? מִי

someone מִי־שֶׁהוּא, מִישֶׁהוּ

immediately מִיַּד, מִיָּד

water מַיִם, מֵי, מֵימֵי (ס.)

canteen מֵימִיָּה

kind (type), sex; מִין
gender in grammar

juice מִיץ

blow, wound, plague מַכָּה

137

מְכוֹנָה, מְכוֹנוֹת (ר.)   machine

מְכוֹנַת כְּתִיבָה   typewriter
מְכוֹנַת יְרִיָּה   machine gun
מְכוֹנַת כְּבִיסָה   washing machine
מְכוֹנַת תְּפִירָה   sewing machine
מְכוֹנַאי   machinist, mechanic
מְכוֹנִית, מְכוֹנִיּוֹת (ר.)   automobile , car
מְכוֹנִית מַשָּׂא   truck

מַכּוֹשׁ   a pick

מִכְחוֹל   artist's brush

מִכְלָלָה   college, university

מִכְנָסַיִם, מִכְנְסַיִם   pants, trousers
מִכְנָסַיִם קְצָרִים   shorts

מְכֹעָר   ugly

מָכַר   he sold
(מוֹכֵר, יִמְכֹּר)
אַבָּא מָכַר אֶת הַמְּכוֹנִית.   Father sold the car.
מְכִירָה   sale

138

מֻכְרָח must, compelled

אַתָּה מֻכְרָח לָבוֹא מִיָּד!

You must come immediately!

מַכְשִׁיר tool, instrument

מַבְרֵג, צְבָת וּפַטִּישׁ הֵם מַכְשִׁירִים.

A screwdriver, pliers and hammer are tools.

מְכַשֵּׁף magician

מְכַשֵּׁפָה witch

מִכְתָּב letter

מַכְתֵּבָה desk

מִלֵּא he filled, fulfilled

(מְמַלֵּא, יְמַלֵּא)

מִלֵּאתִי אֶת הַמֵּימִיָּה מַיִם.

I filled the canteen with water.

מָלֵא full

דָּגִים מְמֻלָּאִים "gefilte" fish

מַלְאָךְ angel

מְלָאכָה work, craft

בַּעַל־מְלָאכָה craftsman

הַנַּגָּר וְהַחַיָּט הֵם בַּעֲלֵי־מְלָאכָה.

The carpenter and tailor are craftsmen.

מִלָּה, מִלִּים, מִלּוֹת (ר.)   word
מִלּוֹן   dictionary

מָלוֹן   hotel, inn
מְלוּנָה   hut, doghouse

מֶלַח   salt
מָלוּחַ   salty
דָּג מָלוּחַ   herring
מִמְלָחָה   salt shaker

מַלָּח   sailor

מִלְחָמָה   war

מָלַךְ   he ruled, was king
(מוֹלֵךְ, יִמְלֹךְ)
דָּוִד מָלַךְ אַחֲרֵי שָׁאוּל.   David ruled after Saul.
מֶלֶךְ   king
מַלְכָּה   queen
מַלְכוּת, מַמְלָכָה   kingdom, rule

מְלָפְפוֹן   cucumber
מְלָפְפוֹן חָמוּץ   sour pickle

140

מֶלְצַר waiter

מֶלְצָרִית waitress

מֶלְקָחַיִם tongs

מֻמְחֶה expert, specialist

מֶמְשָׁלָה government

מַמְתָּק, מַמְתַּקִּים (ר.) candy, sweets (pl.)

מִן from, of

הַמּוֹרֶה לָקַח אֶת הַכַּדּוּר מִן דָּנִי (מִדָּנִי).
The teacher took the ball from Danny.

הוּא לָקַח אֶת הַכַּדּוּר מִמֶּנּוּ.
He took the ball from him.

הוּא לָקַח אֶת הַכַּדּוּר מִמֶּנִּי.
He took the ball from me

מֵהֶם (ז.), מֵהֶן (נ.) from them

מָנָה portion, course

אִמָּא נָתְנָה לִי מָנָה גְּדוֹלָה.
Mother gave me a big portion.

בָּאֲרֻחָה הָיוּ שָׁלֹשׁ מָנוֹת.
The meal had three courses.

מָנָה he counted

(מוֹנֶה, יִמְנֶה)

עַמִּי מָנָה מֵאֶחָד עַד מֵאָה.

Ami counted from one to a hundred.

מִנְיָן number; ten men who pray together

מִנְהָג custom

מְנַהֵל principal, director

מְנוּחָה rest

מְנוֹרָה lamp, candlestick

מִנְחָה gift; afternoon prayer

מַנְעוּל lock

מַס, מִסִּים (ר.) tax

מְסִבָּה gathering, party

מִסְדְּרוֹן corridor, hallway

מַסּוֹר a saw

מַסְחֵט fruit-juice squeezer

מִסְחָר business

מָסָךְ curtain

מַסֵּכָה mask

מִסְכֵּן unfortunate

מְסִלָּה road, highway

מְסִלַּת־בַּרְזֶל railroad

מַסְמֵר nail

מְסַנֶּנֶת strainer

מִסְעָדָה restaurant

מַסְפִּיק satisfactory, sufficient

מִסְפָּר number

מָסַר he handed over

(מוֹסֵר, יִמְסֹר)

הַדַּוָּר מָסַר לִי אֶת הַמִּכְתָּבִים.

The postman handed me the letters.

מַסְרֵק comb

מַעְגָּל circle

מַעְדֵּר hoe

מְעַט   a little; few

אֱמֹר מְעַט וַעֲשֵׂה הַרְבֵּה.
Say little and do much.

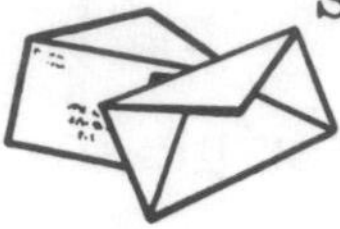

מַעֲטָפָה   envelope

מְעִיל   coat, jacket

מְעִיל גֶּשֶׁם   raincoat

מַעְיָן   spring, well, fountain, source

מַעֲקֶה   railing

מַעֲרָב   west

מְעָרָה   cave

מַעֲשֶׂה   deed, work, happening

מַעֲשִׂיָּה   story, tale

מַפָּה   map, tablecloth

מַפִּית   napkin

מַפּוּחִית   accordion, harmonica

144

מַפְטִיר — Last portion of Torah reading

מַפָּלָה — fall, downfall, defeat

מִפְּנֵי — because of

לֹא יָצָאנוּ מִן הַבַּיִת מִפְּנֵי הַגֶּשֶׁם הֶחָזָק.

We did not go out of the house because of the strong rain.

מְפֻנָּק — pampered

מְפֻרְסָם — famous

מַפְתֵּחַ — key, index

מִפְתָּן — threshold

מָצָא — he found

(מוֹצֵא, יִמְצָא)

גָּד מָצָא זוּג מַחֲלִיקַיִם בַּגַּן.

Gad found a pair of ice skates in the park.

מְצִיאָה — a bargain

הַמְצָאָה — invention

מַצָּב — condition, situation

מַצֵּבָה monument

מַצָּה unleavened bread

חַג הַמַּצּוֹת Passover

מֵצַח forehead

מְצֻיָּן excellent

מַצְלֵמָה camera

מְצִלְתַּיִם cymbals

מַצְנֵחַ parachute

צַנְחָן paratrooper

מַקְהֵלָה choir, chorus

מָקוֹם, מְקוֹמוֹת (ר.) place

מָקוֹר source, spring of water;
infinitive in grammar

מַקּוֹר beak

לַחֲסִידָה מַקּוֹר אָרֹךְ.
The stork has a long beak.

מִקְטֶרֶת smoking pipe

146

cane, stick, rod   (ר.) מַקֵּל, מַקְלוֹת

shower   מִקְלַחַת

shelter   מִקְלָט

receiver (radio or television)   מַקְלֵט

occupation, profession, subject   מִקְצוֹעַ

carpenter's plane   מַקְצוּעָה

accident, happening   (ר.) מִקְרֶה, מִקְרִים

Mr.   מַר

bitter   מַר

bitter herbs eaten at Passover Seder   מָרוֹר

sight, view, appearance   מַרְאֶה

mirror   מַרְאָה

carpet, rug   מַרְבַד

spy   מְרַגֵּל

gem, pearl   מַרְגָּלִית

chariot, coach   מֶרְכָּבָה

center   מֶרְכָּז

Jewish Center   מֶרְכָּז יְהוּדִי

147

porch   מִרְפֶּסֶת

energy   מֶרֶץ

awl   מַרְצֵעַ

soup   מָרָק

cellar, basement   מַרְתֵּף

load, burden   מַשָּׂא

negotiations   מַשָּׂא וּמַתָּן

crazy, insane   מְשֻׁגָּע

file   מָשׁוֹף

he anointed, smeared, greased   מָשַׁח

(מוֹשֵׁחַ, יִמְשַׁח)

הַחוֹבֶשֶׁת מָשְׁחָה מִשְׁחָה עַל הַפֶּצַע.
The nurse smeared a salve over the wound.

הַמְּכוֹנַאי מָשַׁח אֶת הַמְּכוֹנִית.
The mechanic greased the car.

one anointed, the Messiah   מָשִׁיחַ

ointment, salve   מִשְׁחָה

tooth paste   מִשְׁחַת שִׁנַּיִם

shoe polish   מִשְׁחַת נַעֲלַיִם

148

a game   מִשְׂחָק

silk   מֶשִׁי

he pulled   מָשַׁךְ

(מוֹשֵׁךְ, יִמְשֹׁךְ)

אַבָּא מוֹשֵׁךְ אֶת הַמִּגְרָרָה עַל הַקֶּרַח.

Father pulls the sled on the ice.

reins   מוֹשְׁכוֹת

duration   מֶשֶׁךְ

during   בְּמֶשֶׁךְ

לָמַדְתִּי הַרְבֵּה בְּמֶשֶׁךְ הַשִּׂיחָה.

I learned much during the conversation.

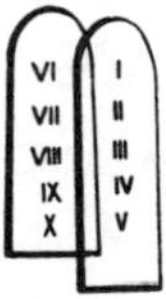

pledge, pawn   מַשְׁכּוֹן

dwelling place;   מִשְׁכָּן
portable sanctuary of the Israelites in
    the desert

proverb, parable, example   מָשָׁל

for example   לְמָשָׁל

apricot   מִשְׁמֵשׁ

Collection of laws which is the basis of   מִשְׁנָה
    the Talmud

מִשְׁפָּחָה family

מִשְׁפָּט judgment, sentence

מֶשֶׁק homestead, farm

מַשְׁקֶה drink; wine steward

מִשְׁקָל weight; word pattern

מִשְׁקָפַיִם eyeglasses

מִשְׁקֶפֶת telescope, field glasses

מִשְׂרָד office

מִשְׂרָה position

יֵשׁ לְאָחִי מִשְׂרָה חֲשׁוּבָה.

My brother has an important position.

מִשְׁתֶּה banquet, feast

מַתְאִים fits, matches, is suitable

הַכּוֹבַע הַזֶּה מַתְאִים לַחֲלִיפָה שֶׁלִּי.

This hat matches my suit.

מָתוֹק sweet

מֹתֶק, מְתִיקוּת sweetness

מָתַי when?

מָתַי תָּבוֹא לְבֵיתֵנוּ?

When will you come to our house?

metal מַתֶּכֶת

gift, present מַתָּנָה

it is permissible מֻתָּר

מֻתָּר לַעֲשׂוֹת אֶת הַדָּבָר הַזֶּה.

It is permissible to do this.

נ, ן נוּן

Numerical value: 50

please נָא

Please come tomorrow. בּוֹא נָא מָחָר.

beautiful, fitting נָאֶה, נָאָה (נ.)

he spoke, made a speech נָאַם

(נוֹאֵם, יִנְאַם)

הַמְנַהֵל נָאַם לִפְנֵי הַתַּלְמִידִים.

The principal spoke before the students.

speaker נוֹאֵם

spoken word, speech נְאוּם, נְאֻם

faithful, devoted נֶאֱמָן

frightened   נִבְהָל

he barked   נָבַח

(נוֹבֵחַ, יִנְבַּח)

The dog is barking.   הַכֶּלֶב נוֹבֵחַ.

bark   נְבִיחָה

prophet   נָבִיא

prophecy   נְבוּאָה

Prophets: second section of Bible   נְבִיאִים

(תַּנַ"ךְ)

harp; jar   נֵבֶל

he wiped, dried   נִגֵּב

(מְנַגֵּב, יְנַגֵּב)

אֲנִי מְנַגֵּב אֶת הַפָּנִים בְּמַגֶּבֶת.

I wipe my face with a towel.

towel   מַגֶּבֶת

opposite (facing); against   נֶגֶד

I stood opposite the house.   עָמַדְתִּי נֶגֶד הַבַּיִת.

רָאִינוּ תַחֲרוּת בְּטֶנִיס – אוּרִי נֶגֶד דָּן.

We saw a tennis match: Uri against Dan.

הַנּוֹאֵם דִּבֵּר נֶגֶד הַהַצָּעָה.

The speaker spoke against the motion.

נָגַח he gored

(נוֹגֵחַ, יִגַּח)

הַשּׁוֹר נָגַח אֶת הָאִישׁ. The bull gored the man.

נְגִיחָה goring, pushing

נִגֵּן he played an instrument

(מְנַגֵּן, יְנַגֵּן)

יָעֵל מְנַגֶּנֶת בִּפְסַנְתֵּר. Yael plays the piano.

נִגּוּן, מַנְגִּינָה song, melody, tune

נְגִינָה music; accent in grammar

נָגַע he touched

(נוֹגֵעַ, יִגַּע)

אַל תִּגַּע בָּאוֹפַנַּיִם שֶׁלִּי – צָעַק הַיֶּלֶד.

"Don't touch my bicycle," the boy cried.

נְגִיעָה touch, touching

מַגָּע touch, contact

נַגָּר carpenter

נִגַּשׁ he approached

(נִגָּשׁ, יִגַּשׁ)

הַשּׁוֹטֵר נִגַּשׁ אֶל הַיֶּלֶד הַבּוֹכֶה.

The policeman approached the crying boy.

גִּישָׁה approach

גֶּשׁ הָלְאָה! Go away!

מַגָּשׁ tray

נְדָבָה donation, alms

נָדַד he wandered

(נוֹדֵד, יִדֹּד)

הַבֶּדְוִים נוֹדְדִים מִמָּקוֹם לְמָקוֹם.

The Bedouin wander from place to place.

נִדְמֶה it seems

נִדְמֶה לִי שֶׁרָאִיתִי כְּבָר אֶת הַסֶּרֶט הַזֶּה.

It seems to me that I already saw this movie.

נַדְנֵדָה swing, seesaw

נֶדֶר vow

נָהַג he drove, led

(נוֹהֵג, יִנְהַג)

אֲנִי אוֹהֵב לָשֶׁבֶת עַל־יַד אַבָּא כְּשֶׁהוּא נוֹהֵג בַּמְּכוֹנִית.

I like to sit near father when he drives the car.

driver, chauffeur	נֶהָג
custom	נֹהַג, מִנְהָג
leader	מַנְהִיג
management	הַנְהָגָה
conduct, behavior	הִתְנַהֲגוּת

נֶהְדָּר beautiful, magnificent

נִהֵל he led, managed

(מְנַהֵל, יְנַהֵל)

דּוֹדִי מְנַהֵל מוֹסָד גָּדוֹל.

My uncle manages a big institution.

director, principal	מְנַהֵל
management, administration	הַנְהָלָה

נָהָר river, stream

נוֹף landscape

נוֹצָה feather

נוֹצֵץ shines, sparkles

בַּלַּיְלָה נוֹצְצִים הַכּוֹכָבִים.

At night the stars shine.

נִיצוֹץ a spark

נוּרָה electric bulb

נָזַל he (it) flowed

(נוֹזֵל, יִזַּל)

דְּמָעוֹת נָזְלוּ מֵעֵינֵי הַיֶּלֶד.

Tears flowed from the boy's eyes.

נַזֶּלֶת running nose

נָזַף he scolded, rebuked

(נוֹזֵף, יִנְזֹף)

אִמָּא נוֹזֶפֶת בִּדְבוֹרָה כַּאֲשֶׁר הִיא מִשְׁתּוֹבֶבֶת.

Mother scolds Deborah when she is mischievous.

נְזִיפָה scolding, rebuke

נָח he rested

(נָח, יָנוּחַ)

אַחֲרֵי הַטִּיּוּל הָאָרֹךְ נַחְנוּ.

After the long hike we rested.

נוֹחַ comfortable, easy; at ease

מְנוּחָה rest

נַחַת rest, quiet, pleasure

נַחַת־רוּחַ pleasure, satisfaction

בְּנַחַת gently, quietly

דִּבְרֵי חֲכָמִים בְּנַחַת נִשְׁמָעִים.

The words of the wise are heard in quiet.

נָחוּץ it is necessary

לְכָל תַּלְמִיד נָחוּץ עִפָּרוֹן.

Every student needs a pencil.

נַחַל river, stream, ravine

נִחֵם he comforted

(מְנַחֵם, יְנַחֵם)

מִצְוָה לְנַחֵם אֲבֵלִים.

It is a good deed to comfort mourners.

נֶחָמָה comfort

נֶחְמָד charming, lovely

נָחַר he snored

(נוֹחֵר, יִנְחַר)

עֻזִּי נוֹחֵר בִּשְׁנָתוֹ. Uzzi snores in his sleep.

נַחֲרָה a snore

נְחִירָה snoring

נְחִירַיִם nostrils

נָחָשׁ snake

he guessed **נִחֵשׁ**

(מְנַחֵשׁ, יְנַחֵשׁ)

נִחַשְׁתִּי אֶת הַתְּשׁוּבָה הַנְּכוֹנָה.

I guessed the right answer.

copper **נְחֹשֶׁת**

he turned; **נָטָה**
inflected noun or verb

(נוֹטֶה, יִטֶּה)

דָּנִי רָאָה כֶּלֶב וְנָטָה הַצִּדָּה.

Danny saw a dog and turned aside.

he pitched tent — נָטָה אֹהֶל
inclination, tendency; inflection in grammar — נְטִיָּה

he planted **נָטַע**

(נוֹטֵעַ, יִטַּע)

הַיְלָדִים נוֹטְעִים עֵצִים בְּט״וּ בִּשְׁבָט.

The children plant trees on Tu Bishvat.

plant — נֶטַע
plant, planting — נְטִיעָה
plant, plantation — מַטָּע

paper **נְיָר, נְיָרוֹת (ר.)**

נֶכֶד grandson

נֶכְדָּה granddaughter

נְכָדִים grandchildren

נָכוֹן correct, right

נִכְנַס he entered

(נִכְנָס, יִכָּנֵס)

הַמְנַהֵל נִכְנַס אֶל הַחֶדֶר לְדַבֵּר עִם הַמּוֹרֶה.

The principal entered the room to speak with the teacher.

נָמוּךְ low, short

נִמּוּס, נִמּוּסִים good manners; custom

בַּעַל־נִמּוּס polite, well-mannered

נָמָל, נָמֵל port, harbor

נְמָלָה, נְמָלִים (ר.) ant

נָמֵר tiger, leopard

נְמַר הַגָּמָל giraffe

נֵס, נִסִּים (ר.) miracle, flag

נִסָּה he tried, tested

(מְנַסֶּה, יְנַסֶּה)

דָּוִד מְנַסֶּה לְתַקֵּן אֶת הָאוֹפַנַּיִם.

David is trying to fix the bicycle.

נִסָּיוֹן test, experience

נָסִיךְ prince

נָסַע he travelled

(נוֹסֵעַ, יִסַּע)

בַּקַּיִץ הַבָּא נִסַּע לְקָלִיפוֹרְנְיָה.

Next summer we will travel to California.

נְסִיעָה, מַסָּע trip, journey

נְסִיעָה טוֹבָה! Have a good trip!

נָע he moved

(נָע, יָנוּעַ)

הָעֵצִים נָעִים בָּרוּחַ.

The trees move in the wind.

נָע וָנָד wanderer

מָנוֹעַ motor

תְּנוּעָה movement, traffic, vowel

נָעִים, נְעִימָה (נ.) pleasant

נָעַל he locked; put on shoes

(נוֹעֵל, יִנְעַל)

נָעַלְתִּי אֶת הַדֶּלֶת. I locked the door.

מַנְעוּל lock

נְעִילָה closing; closing prayer on Yom Kippur

נַעַל (נ.), נַעֲלַיִם (ר״ז), נְעָלִים (ר.) shoe

נַעֲלֵי־בַּיִת slippers

נַעַר, נְעָרִים (ר.) boy

נַעֲרָה, נְעָרוֹת (ר.) girl

נֹעַר youth

נַפָּח blacksmith

נָפַל he fell

(נוֹפֵל, יִפֹּל)

הַתַּפּוּחַ נָפַל מִן הָעֵץ.
The apple fell from the tree.

נְפִילָה fall, falling

מַפָּלָה fall, downfall, defeat

נִפְלָא wonderful, marvelous

נִפְלָאוֹת wonders, miracles

נֶפֶשׁ soul, person, self

נִצַּח (עַל) he won; conducted (choir)

(מְנַצֵּחַ, יְנַצֵּחַ)

נִצַּחְתִּי אֶת דָּוִד בְּשַׁחְמָט. I beat David in chess.

צְבָאֵנוּ נִצַּח אֶת הָאוֹיֵב.
Our army triumphed over the enemy.

נִצָּחוֹן victory

נְקֵבָה female;
feminine gender in grammar

נְקֻדָּה, נְקֻדּוֹת (ר.) dot, point, period, vowel

הַנְּקֻדּוֹת: The vowels:

קָמַץ	ָ	שׁוּרֶק	וּ
פַּתָח	ַ	קֻבּוּץ	ֻ
צֵירֶה	ֵ	שְׁוָא	ְ
סֶגּוֹל	ֶ	חֲטָף־פַּתָח	ֲ
חִירִיק	ִ	חֲטָף־סֶגּוֹל	ֱ
חוֹלָם	וֹ	חֲטָף־קָמַץ	ֳ

נִקָּה he cleaned

(מְנַקֶּה, יְנַקֶּה)

אִמָּא מְנַקָּה אֶת הַחֶדֶר.
Mother cleans the room.

נִקּוּי cleaning
נָקִי clean, innocent
נִקָּיוֹן cleanliness

162

salami, sausage **נַקְנִיק**

frankfurter, hot dog נַקְנִיקִית

candle, lamp **נֵר**

Sabbath candles נֵרוֹת שַׁבָּת

Eternal Light נֵר תָּמִיד

he carried **נָשָׂא**

(נוֹשֵׂא, יִשָּׂא)

הַסַּבָּל נוֹשֵׂא מַשָּׂא כָּבֵד עַל גַּבּוֹ.

The porter carries a heavy load on his back.

subject, topic נוֹשֵׂא

object נָשׂוּא

load, burden מַשָּׂא

he remained **נִשְׁאַר**

(נִשְׁאָר, יִשָּׁאֵר)

אִמָּא הָלְכָה אֶל הַשּׁוּק וַאֲנִי נִשְׁאַרְתִּי בַּבַּיִת.

Mother went to the market, and I remained
in the house.

he (it) blew **נָשַׁב**

(נוֹשֵׁב, יִשֹּׁב)

רוּחַ נוֹשֶׁבֶת מִן הַיָּם.

A wind is blowing from the sea.

163

נָשִׂיא president

נְשִׂיאוּת presidency

נָשַׁךְ he bit

(נוֹשֵׁךְ, יִשֹּׁךְ)

הַכֶּלֶב נָשַׁךְ אֶת הַדַּוָּר.

The dog bit the postman.

נְשִׁיכָה bite, biting

נֶשֶׁךְ usury

נָשַׁם he breathed

(נוֹשֵׁם, יִשֹּׁם)

אַחֲרֵי הַמֵּרוּץ נָשַׁמְתִּי בִּכְבֵדוּת.

After the race I breathed heavily.

נְשִׁימָה breath, breathing

נְשָׁמָה soul, person

נֶשֶׁף evening, celebration

נָשַׁק he kissed

(נוֹשֵׁק, יִשַּׁק)

Mother kissed me. אִמָּא נָשְׁקָה לִי.

Mother gave me a kiss. אִמָּא נָתְנָה לִי נְשִׁיקָה.

נְשִׁיקָה kiss

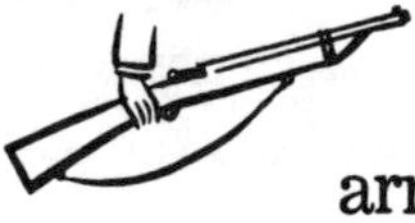

נֶשֶׁק arms, ammunition

164

eagle   נֶשֶׁר

he gave   נָתַן

(נוֹתֵן, יִתֵּן)

אַבָּא נָתַן לִי מַתָּנָה יָפָה לִכְבוֹד יוֹם הֻלַּדְתִּי.

Father gave me a beautiful gift for my birthday.

Give me the ball.   תֵּן לִי אֶת הַכַּדּוּר.

gift, present   מַתָּנָה

ס סָמֶךְ

Numerical value: 60

grandfather   סָב, סָבָא

grandpa   סַבָּא

grandmother   סָבָה, סָבְתָה

grandma   סַבְתָּא

cause, reason   סִבָּה

soap   סַבּוֹן

165

around   סָבִיב

environment, surroundings   סְבִיבָה
top, Hanukah "dreidel"   סְבִיבוֹן

he suffered, bore, endured   סָבַל

(סוֹבֵל, יִסְבֹּל)

הָאִישׁ הַחוֹלֶה סָבַל הַרְבֵּה.
The sick man suffered much.

I can't stand Uzzi.   אֵינֶנִּי יָכוֹל לִסְבֹּל אֶת עֻזִּי.

patience   סַבְלָנוּת

porter   סַבָּל

assistant   סְגָן

vice-president   סְגַן נָשִׂיא

style (in literature and art)   סִגְנוֹן

he closed, shut   סָגַר

(סוֹגֵר, יִסְגֹּר)

Shut the door.   סְגֹר אֶת הַדֶּלֶת.
The door is closed.   הַדֶּלֶת סְגוּרָה.
The book is closed.   הַסֵּפֶר סָגוּר.

locksmith   מַסְגֵּר
frame   מִסְגֶּרֶת

166

סָדִין bed sheet

סֶדֶק, סְדָק crack

סִדֵּר he arranged

(מְסַדֵּר, יְסַדֵּר)

רוֹנָה סִדְּרָה אֶת הַשְּׂמָלוֹת שֶׁלָּהּ בָּאָרוֹן.

Rona arranged her dresses in the closet.

סֵדֶר order, set; Passover home service

בְּסֵדֶר in order, all right

הַכֹּל בְּסֵדֶר all is well

סֵדֶר הַיּוֹם agenda

סִדּוּר order, arrangement; prayer book

סִדְרָה Torah portion read in the synagogue on Sabbath

מְסַדֵּר קִדּוּשִׁין marriage performer

הִסְתַּדְּרוּת organization, association

סוֹד, סוֹדוֹת (ר.) secret

סוּדָר scarf

סוֹחֵר merchant

סְחוֹרָה merchandise

מִסְחָר business

סוּס horse

סוֹף **end**

סוֹף־סוֹף, סוֹף־כָּל־סוֹף **finally, after all**

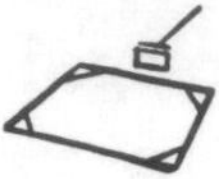

סוֹפֵג, מַסְפֵּג **blotter**

סְפוֹג **sponge**

סָחַב **he dragged**

(סוֹחֵב, יִסְחַב)

יוֹרָם סוֹחֵב שַׂק גָּדוֹל.
Joram is dragging a big sack.

סְטִירָה **slap**

סְטִירַת לֶחִי **slap on the cheek**

סִיד **plaster, whitewash**

סַיָּד **plasterer**

סְיָח **pony**

סִיֵּם **he completed, graduated**

(מְסַיֵּם, יְסַיֵּם)

סִיַּמְנוּ אֶת עוֹנַת הַלִּמּוּדִים.
We completed the term.

סִיּוּם **completion; celebration upon completion of book**

חַג סִיּוּם **graduation**

סִיר pot

סִירָה boat

סִירַת שַׁיִט rowboat
סִירַת מִפְרָשׂ sailboat
סִירַת קִיטוֹר steamboat

סִירַת דּוּגָה fishing boat
סִירַת מָנוֹעַ motorboat

סַךְ, סְכוּם sum

סִכּוּם summary

סֻכָּה booth, hut

חַג הַסֻּכּוֹת Festival of Booths (Tabernacles)

סִכָּה pin

סַכִּין (זו"נ), סַכִּינִים (ר.) knife

סְכָךְ covering for Succah

סוֹכֵךְ awning, beach umbrella

סַכָּנָה danger

סֻכָּר sugar

סֻכָּרִיָּה, סֻכָּרִיּוֹת (ר.) candy

מַסְכֵּרָה sugar bowl

סַל basket

סָלַח he excused, forgave

(סוֹלֵחַ, יִסְלַח)

סְלַח לִי, סְלִיחָה Excuse me

סְלִיחָה forgiveness

סְלִיחוֹת prayers for forgiveness

סֻלָּם ladder

סֶלַע rock

סֶלֶק beet

חֲמִיצַת סֶלֶק borsht

סָמוּךְ near, adjoining

בֵּיתֵנוּ סָמוּךְ לְגַן־הָעִיר.

Our house is near the park.

סְמִיכוּת nearness, density; construct form in grammar

נִסְמָךְ construct form

סֵמֶל emblem, symbol

הִנֵּה הַסֵּמֶל שֶׁל מְדִינַת־יִשְׂרָאֵל.

This is the emblem of the State of Israel.

סִמָּן, סִימָן, סִמָּנִים (ר.) mark, sign

סִמָּן טוֹב a good sign

בְּסִמָּן טוֹב! Good luck!

סְמַרְטוּט rag

סְנָאִי squirrel

סַנְדָּל sandal

סַנְדְּלָר shoemaker

סִנּוֹר, סִנָּר apron

סַנְטֵר chin

סְנִיף branch

הַבַּנְק פָּתַח סְנִיף חָדָשׁ בַּשְּׁכוּנָה שֶׁלָּנוּ.

The bank opened a new branch in our neighborhood.

סְעֻדָּה meal, banquet

מִסְעָדָה restaurant

סָעִיף paragraph

 סַעַר, סְעָרָה storm

 סַף threshold
סַף הַחַלּוֹן window sill

 סַפָּה sofa, couch

 סְפִינָה ship, boat

 סֵפֶל cup

 סַפְסָל bench

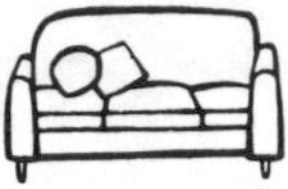

סָפֵק doubt

אֵין סָפֵק שֶׁיֵּרֵד גֶּשֶׁם.
There is no doubt that it will rain.

he counted   סָפַר
(סוֹפֵר, יִסְפֹּר)

הַחֶנְוָנִי סוֹפֵר אֶת הַכֶּסֶף.
The storekeeper is counting the money.

counting   סְפִירָה
count of the 49 days   סְפִירַת הָעֹמֶר
between Passover and Shavuoth
number   מִסְפָּר

he told, related   סִפֵּר

(מְסַפֵּר, יְסַפֵּר)

סַבְתָּא סִפְּרָה לָנוּ סִפּוּר יָפֶה.
Grandma told us a beautiful story.

story   סִפּוּר

book   (ר.) סֵפֶר, סְפָרִים
Torah scroll   סֵפֶר תּוֹרָה
the Bible   סֵפֶר הַסְּפָרִים
author, writer, scribe   סוֹפֵר
literature   סִפְרוּת
library   סִפְרִיָּה
librarian   סַפְרָן

173

סַפָּר barber

מִסְפָּרָה barber shop

מִסְפָּרַיִם scissors, shears

תִּסְפֹּרֶת haircut

סַקְרָן, סַקְרָנִית (נ.) curious person

סַקְרָנוּת curiosity

סַרְגֵּל a ruler

סֶרֶט ribbon, film, movie

סָרַק he combed

(סוֹרֵק, יִסְרֹק)

רָחֵל סוֹרֶקֶת אֶת שַׂעֲרוֹתֶיהָ בְּמַסְרֵק.

Rachel is combing her hair with a comb.

מַסְרֵק comb

סְתָו autumn

עַיִן ע

Numerical value: 70

עָבַד **he worked**

(עוֹבֵד, יַעֲבֹד)

אָבִי עוֹבֵד בְּמִשְׂרָד גָּדוֹל.

My father works in a big office.

עֲבוֹדָה	work, religious worship
עֶבֶד	servant, slave
עַבְדוּת	slavery
מַעְבָּדָה	laboratory, workshop

עָבֶה **thick**

זֶה חֶבֶל עָבֶה. This is a thick rope.

for, for the sake of עֲבוּר, בַּעֲבוּר

קִבַּלְתִּי מִכְתָּב בַּעֲבוּרְךָ.

I received a letter for you.

בַּעֲבוּר הַיְלָדִים עָבַרְנוּ לְבַיִת יוֹתֵר גָּדוֹל.

For the sake of the children we moved to a larger house.

עָבַר he passed, crossed

(עוֹבֵר, יַעֲבֹר)

בַּדֶּרֶךְ הַבַּיְתָה עָבַרְתִּי עַל־יַד הַגַּן.

On the way home I passed near the park.

הַיְלָדִים עָבְרוּ אֶת הָרְחוֹב בִּמְהִירוּת.

The children crossed the street quickly.

עָבָר past; past tense in grammar

עִבְרִי, עִבְרִים (ר.) Hebrew

עִבְרִית Hebrew language

עַגְבָנִיָּה tomato

עֻגָּה cake

עֻגִיָּה cookie

עִגּוּל, מַעְגָּל circle

עָגֹל round

עָגִיל earring

עֵגֶל calf

עֶגְלָה heifer

עֲגָלָה cart, carriage, wagon

עֶגְלַת־חֹרֶף sled

עֶגְלוֹן wagon driver

anchor עֹגֶן

until; eternity עַד

הָיִיתִי בַּסִּפְרִיָּה עַד חָמֵשׁ.
I was in the library until five.

forever לָעַד

a witness עֵד

congregation עֵדָה

still, yet עֲדַיִן

אַבָּא לֹא בָּא הַבַּיְתָה עֲדַיִן.
Father did not come home yet.

surplus, change עֹדֶף

herd, flock עֵדֶר

more, another; still, yet עוֹד

תֵּן לִי עוֹד אֶחָד. Give me another one.

אִמָּא לֹא חָזְרָה עוֹד מִן הַשּׁוּק.
Mother did not come back yet from the market.

177

עוֹלָם world, universe

לְעוֹלָם forever

עָוֹן, עֲוֹנוֹת (ר.) sin

עוֹף, עוֹפוֹת (ר.) fowl, bird

עִוֵּר blind

עוֹר, עוֹרוֹת (ר. skin, leather

עוֹרֵב raven, crow

עֵז (נ.), עִזִּים (ר.) goat

 עָזַב he left

(עוֹזֵב, יַעֲזֹב)

אַבָּא עוֹזֵב אֶת הַבַּיִת בְּכָל בֹּקֶר בִּשְׁמֹנֶה.

Father leaves the house every morning at eight.

178

עָזַר **he helped**

(עוֹזֵר, יַעֲזוֹר)

מִרְיָם עוֹזֶרֶת לְאִמָּהּ בַּעֲבוֹדַת־הַבַּיִת.

Miriam helps her mother with the housework.

עֶזְרָה help, aid

עֶזְרָה רִאשׁוֹנָה first aid

עוֹזֵר, עוֹזֶרֶת (נ.) assistant

עֵט **pen**

עֵט נוֹבֵעַ fountain pen

עִטּוּשׁ **a sneeze**

עֲטִישָׁה sneezing

עֲטַלֵּף **bat**

עַיִן (נ.), עֵין (ס.), עֵינַיִם (ר.) **eye**

עָיֵף, עֲיֵפָה (נ.) **tired, weary**

עֲיֵפוּת, עַיְפוּת tiredness

עִיר (נ.), עָרִים (ר.) city

עִיר הַבִּירָה capital city

עֲיָרָה small town

עִכֵּב he detained, prevented

(מְעַכֵּב, יְעַכֵּב)

חֲבֵרִי עִכֵּב אוֹתִי בַּדֶּרֶךְ וְלָכֵן אֵחַרְתִּי.

My friend detained me on the way and therefore I came late.

עִכּוּב hindrance, delay

עַכָּבִישׁ spider

עַכְבָּר mouse, rat

עַכְשָׁו, עַכְשָׁיו now

עַל on, over, concerning

עַל אוֹדוֹת, עַל־דְּבַר concerning, about

עַל־יַד near, beside

עַל־יְדֵי by, by means of

עָלַי, עָלֶיךָ . . . on me, on you . . .

עָלַי לְ . . . I have to

עָלַי לָלֶכֶת הַבַּיְתָה. I have to go home.

עָלָה **he went up** 
(עוֹלֶה, יַעֲלֶה)

הַמַּלָּח עָלָה עַל הַתֹּרֶן.
The sailor went up on the mast.

עֲלִיָּה **going up, attic, call to the Torah, immigration to Israel**

מַעֲלִית **elevator**

עָלֶה, עָלִים (ר.) **leaf, page**

עַלִּיז **happy**

עַם, עָם **nation, people**

עַם יִשְׂרָאֵל חַי! **The Jewish people lives!**

עִם **with**

הָלַכְתִּי עִם גִּדְעוֹן לַקּוֹלְנוֹעַ.
I went with Gideon to the movies.

הוּא הָלַךְ עִמִּי. **He went with me.**

עָמַד **he stood, stopped**
(עוֹמֵד, יַעֲמֹד)

הַמּוֹרֶה עוֹמֵד עַל־יַד הַלּוּחַ.
The teacher stands near the blackboard.

הַשָּׁעוֹן עָמַד. **The watch stopped.**

עָמַד לְ... **he was ready to**

עֲמִידָה **standing; silent prayer recited while standing**

עַמּוּד **pillar, page, reader's stand in synagogue, pulpit**

181

עֵמֶק, עֲמָקִים (ר.) valley

עָמֹק deep, profound

עֵנָב, עֲנָבִים (ר.) grape

עֹנֶג, תַּעֲנוּג joy, pleasure

עֹנֶג שַׁבָּת Sabbath joy

עָנָה he answered

(עוֹנֶה, יַעֲנֶה)

הַמּוֹרֶה שָׁאַל שְׁאֵלָה וַאֲנִי עָנִיתִי.

The teacher asked a question, and I answered.

מַעֲנֶה answer

עָנָו, עָנָיו modest

עֲנָוָה modesty

עָנִי poor

עֹנִי, עֲנִיּוּת poverty

עֲנִיבָה necktie

עִנְיָן matter, subject; interest

עָנָן, עֲנָנָה cloud

עָנָף branch

עֲנָק giant

עָנַשׁ he punished

(עוֹנֵשׁ, יַעֲנֹשׁ)

הַמּוֹרֶה עָנַשׁ אֶת הַתַּלְמִיד הָרַע.

The teacher punished the bad student.

עֹנֶשׁ punishment

עָסַק בְּ... he was busy with, engaged in

(עוֹסֵק, יַעֲסֹק)

אָבִי עוֹסֵק בְּמִסְחָר.

My father engages in business.

עָסוּק busy

עֵסֶק, עֲסָקִים (ר.) business, affair

עַסְקָן community worker

עַפְעַף, עַפְעַפַּיִם (ר.) eyelid

עָפָר dust, earth

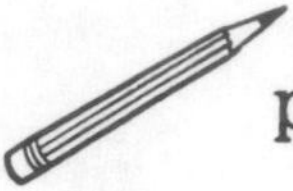

עִפָּרוֹן, עֶפְרוֹנוֹת (ר.) pencil

עֵץ, עֵצִים (ר.) tree, wood

עָצֵב, עָצוּב sad

עֶצֶב, עַצְבוּת sadness

עֵצָה advice, counsel

עֵצָה טוֹבָה good advice

מוֹעָצָה council

עָצִיץ flowerpot

עָצֵל lazy

עַצְלָן lazy person

עַצְלוּת, עַצְלָנוּת laziness

עָצַם he shut (eyes)

(עוֹצֵם, יַעֲצֹם)

כַּאֲשֶׁר אֲנִי עָיֵף אֲנִי עוֹצֵם אֶת עֵינַי.

When I am tired I shut my eyes.

עֶצֶם (זו"נ) **bone, substance, essence**

(בְּ)עַצְמִי (by) myself

(בְּ)עַצְמוֹ (by) himself

עַצְמָאִי (ת.) independent

עַצְמָאוּת independence

יוֹם הָעַצְמָאוּת Iyar 5 — Israel Independence Day

עָקֵב, עֲקֵבִים, עֲקֵבוֹת (ר.) heel

עִקָּר most important thing, essential

עִקָּרוֹן, עֶקְרוֹנוֹת (ר.) principle

עַקְשָׁן stubborn person

עַקְשָׁנוּת stubbornness

עֵר awake

עֵרָנוּת alertness

עֶרֶב, עֲרָבִים (ר.) evening, eve

עֶרֶב־שַׁבָּת Sabbath eve: Friday

עַרְבִית, מַעֲרִיב evening prayer

עֲרָבָה, עֲרָבוֹת (ר.) willow twig —

one of the four species of plants used in the synagogue service on Succoth

Arab   עֲרָבִי, עַרְבִּי, עַרְבִים (ר.)

rubbers (pl.)   עַרְדָּל, עַרְדָּלַיִם (ר"ז), עַרְדְּלִים(ר.)

flower bed    עֲרוּגָה

crib, cradle   עֲרִיסָה

hammock   עַרְסָל

he arranged, set, edited   עָרַךְ

(עוֹרֵךְ, יַעֲרֹךְ)

אִמָּא עוֹרֶכֶת אֶת הַשֻּׁלְחָן.

Mother is setting the table.

The table is set.   הַשֻּׁלְחָן עָרוּךְ.

editor   עוֹרֵךְ

lawyer   עוֹרֵךְ־דִּין

exhibit   תַּעֲרוּכָה

value   עֵרֶךְ, עֶרֶךְ

about, approximately   בְּעֶרֶךְ

בָּאוּלָם יָשְׁבוּ בְּעֶרֶךְ אַרְבָּעִים אִישׁ.

In the hall sat about forty people.

186

עֲרֵמָה   pile, heap

רָאִיתִי עֲרֵמַת אֲבָנִים עַל-יַד הַדֶּרֶךְ.
I saw a pile of stones beside the road.

עֲרָפֶל   fog, mist

עֵשֶׂב   grass

עָשָׂה   he did, made
(עוֹשֶׂה, יַעֲשֶׂה)

הוּא עָשָׂה לִי טוֹבָה.   He did me a favor.
עָשִׂיתִי עֲפִיפוֹן גָּדוֹל.   I made a big kite.
מַעֲשֶׂה   deed, work, happening
מַעֲשִׂי (ת.)   practical
מַעֲשִׂיָּה   story, tale

עָשִׁיר, עֲשִׁירָה (נ.)   rich
עֹשֶׁר   wealth

עִשֵּׁן   he smoked
(מְעַשֵּׁן, יְעַשֵּׁן)

הָאִישׁ מְעַשֵּׁן מִקְטֶרֶת.
The man is smoking a pipe.

עָשָׁן   smoke
מַעֲשֵׁנָה   chimney

ten   עֲשָׂרָה (ז.), עֶשֶׂר (נ.)

tenth   עֲשִׂירִי (ת.)

one-tenth   מַעֲשֵׂר

twenty   עֶשְׂרִים

Tenth of Teveth—   עֲשָׂרָה בְּטֵבֵת

fast day, commemorating the beginning of the Babylonian siege of Jerusalem in 586 B. C. E.

the Ten Commandments   עֲשֶׂרֶת הַדִּבְּרוֹת

time   עֵת

now   עַתָּה, כָּעֵת

newspaper   עִתּוֹן

newspaperman   עִתּוֹנַאי

future;   עָתִיד

future tense in grammar

very old, ancient   עַתִּיק

בַּסִּפְרִיָּה רָאִיתִי סֵפֶר עַתִּיק.

In the library I saw a very old book.

אָבִי הָיָה בָּעִיר הָעַתִּיקָה בִּירוּשָׁלַיִם.

My father was in the old city in Jerusalem.

188

פ, ף פֵּא

Numerical value: 80

פָּגַשׁ he met

(פּוֹגֵשׁ, יִפְגֹּשׁ)

פָּגַשְׁתִּי אֶת הַמּוֹרָה שֶׁלִּי בַּדֶּרֶךְ לְבֵית־הַסֵּפֶר.

I met my teacher on the way to school.

פְּגִישָׁה meeting

פִּדְיוֹן הַבֵּן Redemption ceremony for first-born son

פֶּה, פִּי (ס.), פִּיּוֹת (ר.) mouth

פִּי my mouth

פִּיו his mouth

(בְּ)עַל־פֶּה by heart

לָמַדְתִּי אֶת הַשִּׁיר בְּעַל־פֶּה.

I learned the poem by heart.

לְפִיכָךְ therefore

לְפִי שֶׁ... because, being that

אַף־עַל־פִּי although

פֹּה here

אֲנִי פֹּה. I am here.

פִּהֵק he yawned

(מְפַהֵק, יְפַהֵק)

דָּנִי עָיֵף וְהוּא מְפַהֵק.

Danny is tired and he is yawning.

פִּהוּק a yawn

פּוֹל, פּוֹל, פּוֹלִים (ר.) string bean

פּוּרִים Feast of lots,

commemorating the victory of Mordecai and Esther over the wicked Haman

פִּזֵּר he scattered

(מְפַזֵּר, יְפַזֵּר)

הָרוּחַ מְפַזֵּר אֶת הֶעָלִים.

The wind scatters the leaves.

מְפֻזָּר scattered, absent-minded

פַּזְרָן extravagant person

פָּחַד he was afraid, feared

(פּוֹחֵד, יִפְחַד)

יוֹסִי פּוֹחֵד לָשֶׁבֶת בַּחֹשֶׁךְ.

Yosi is afraid to sit in the dark.

פַּחַד fear

פַּחְדָן one who is afraid

פָּחוֹת less

אַל תִּתְּנִי לִי כָּל כַּךְ הַרְבֵּה דַּיְסָה. תְּנִי לִי פָּחוֹת.
Don't give me so much cereal. Give me less.

פַּטִּישׁ hammer

פִּטְפֵּט he babbled

(מְפַטְפֵּט, יְפַטְפֵּט)

מִרְיָם הַקְּטַנָּה מְפַטְפֶּטֶת הַרְבֵּה.
Little Miriam babbles a lot.

chatterbox (נ.) פַּטְפְּטָן, פַּטְפְּטָנִית

פִּטְרִיָּה mushroom

פִּיל elephant

פֶּלֶא wonder, miracle

פִּלְפֵּל pepper

פָּמוֹט, פְּמוֹט candlestick

191

פְּנַאי, פְּנַי free time, leisure

אָבִי עָסוּק מְאֹד וְאֵין לוֹ פְּנַאי.

My father is very busy and he has no free time.

פָּנוּי free, vacant

פָּנָה he turned, faced

(פּוֹנֶה, יִפְנֶה)

פָּנִיתִי הַצִּדָּה כְּשֶׁרָאִיתִי אֶת הַכֶּלֶב הַגָּדוֹל.

I turned aside when I saw the big dog.

פִּנָּה corner

פָּנִים, פְּנֵי (ם.) face

לִפְנֵי before

לְפָנִים formerly

מִפְּנֵי because of

פַּנָּס lantern

פַּנַּס חַשְׁמַלִּי flashlight

פִּנְקָס record book

פֶּסַח **Passover —**

Spring Festival, celebrating redemption from Egyptian bondage

פֶּסֶל statue, idol

פַּסָּל sculptor

מַפְסֶלֶת chisel

פְּסַנְתֵּר piano

פְּסַנְתְּרָן pianist

פָּסַק he stopped; decreed

(פּוֹסֵק, יִפְסֹק)

הַגֶּשֶׁם פָּסַק. The rain stopped.

הַשּׁוֹפֵט פָּסַק כָּכָה. The judge decreed thus.

פָּסוּק Biblical verse, sentence

פְּסִיק comma

פְּסָק, פְּסַק־דִּין decree, verdict

פֹּעַל action, work, verb

פּוֹעֵל workman, laborer

פְּעֻלָּה action, activity

פָּעִיל active

מִפְעָל project, activity

פַּעַם, פַּעַם אַחַת once, one time

עוֹד פַּעַם again

פַּעֲמַיִם twice

פְּעָמִים (ר.) times

לִפְעָמִים sometimes

פַּעֲמוֹן bell

פִּצֵּחַ he cracked

(מְפַצֵּחַ, יְפַצֵּחַ)

עַמִּי מְפַצֵּחַ אֱגוֹזִים בְּמַפְצֵחַ.

Ami is cracking nuts with a nutcracker.

מַפְצֵחַ nutcracker

פֶּצַע wound, bruise

פְּצָצָה bomb

פְּצָצָה אֲטוֹמִית atomic bomb

פָּקַד he commanded, counted, remembered

(פּוֹקֵד, יִפְקֹד)

פְּקֻדָּה an order, command

פָּקִיד an official, clerk

מִפְקָד census, roll call

תַּפְקִיד function, role, task

פִּקָּדוֹן deposit, object left in trust

פָּקַח he opened (eyes)

(פּוֹקֵחַ, יִפְקַח)

פָּקַחְתִּי אֶת עֵינַי וְרָאִיתִי אֶת הַמַּתָּנָה.

I opened my eyes and saw the gift.

פִּקֵּחַ clever person

he (it) burst, snapped, split פָּקַע

(פּוֹקֵעַ, יִפְקַע)

פָּקַע מֵיתָר בַּכִּנּוֹר.

A string snapped on the violin.

cork, plug, stopper פְּקָק

orchard, orange grove פַּרְדֵּס

cow פָּרָה

fur פַּרְוָה

furcoat מְעִיל־פַּרְוָה

furrier פַּרְוָן

anteroom, corridor, hallway פְּרוֹזְדוֹר

penny פְּרוּטָה

small change פֶּרֶט

piece פְּרוּסָה

slice of bread פְּרוּסַת לֶחֶם

crumb פֵּרוּר

he (it) blossomed; flew away פָּרַח

(פּוֹרֵחַ, יִפְרַח)

The tree is blossoming. הָעֵץ פּוֹרֵחַ.

The bird flies away. הַצִּפּוֹר פּוֹרַחַת.

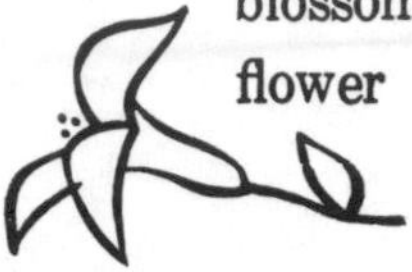

blossoming, fleeing פְּרִיחָה

flower פֶּרַח, פְּרָחִים (ר.)

detail, single thing פְּרָט, פְּרָטִים (ר.)

individual, private פְּרָטִי (ת.)

first name שֵׁם פְּרָטִי

especially, in particular בִּפְרָט

menu תַּפְרִיט

fruit פְּרִי, פֵּרוֹת (ר.)

תַּפּוּחִים וְאַגָּסִים הֵם פֵּרוֹת.

Apples and pears are fruit.

departure, parting פְּרִידָה, פְּרֵדָה

farewell party מְסִבַּת־פְּרִידָה

curtain; פָּרֹכֶת

curtain of Ark in synagogue

livelihood, sustenance פַּרְנָסָה

prize   פְּרָס

hoof   פַּרְסָה

horseshoe   פַּרְסַת־בַּרְזֶל

butterfly   פַּרְפַּר

dessert   פַּרְפֶּרֶת

chapter   פֶּרֶק, פְּרָקִים (ר.)

Sayings of the Fathers, ethical   פִּרְקֵי אָבוֹת
treatise in the Mishna

horseman, knight   פָּרָשׁ

cavalry   חֵיל פָּרָשִׁים

chapter, passage;   פָּרָשָׁה, פַּרְשָׁה
portion of Scripture

weekly Torah reading   פָּרָשַׁת הַשָּׁבוּעַ

crossroads   פָּרָשַׁת דְּרָכִים

he spread; took off (clothes);   פָּשַׁט
stretched out (hand)

(פּוֹשֵׁט, יִפְשֹׁט)

הַיְדִיעָה פָּשְׁטָה בְּכָל הָעִיר.
The news spread throughout the city.

אֲנִי פּוֹשֵׁט אֶת הַמְעִיל כַּאֲשֶׁר אֲנִי בָּא הַבַּיְתָה.
I take off my coat when I come home.

הֶעָנִי פָּשַׁט אֶת יָדוֹ לְקַבֵּל נְדָבָה.
The poor man stretched out his hand to
receive alms.

plain, simple   פָּשׁוּט
plain meaning   פְּשָׁט

piece of bread   פַּת

suddenly   פִּתְאֹם, פֶּתַע

surprise   הַפְתָּעָה

he opened   פָּתַח

(פּוֹתֵחַ, יִפְתַּח)

אִמָּא פּוֹתַחַת אֶת הַחַלּוֹן.
Mother opens the window.

The window is open.   הַחַלּוֹן פָּתוּחַ.

opening, introduction   פְּתִיחָה
opening, doorway   פֶּתַח
key, index   מַפְתֵּחַ
can opener   פּוֹתְחָן
development   הִתְפַּתְּחוּת

note פֶּתֶק, פִּתְקָה, פִּתְקָאוֹת (ר.)

אִמִּי שָׁלְחָה פִּתְקָה לַמּוֹרָה שֶׁלִּי.
My mother sent a note to my teacher.

he solved, interpreted פָּתַר

(פּוֹתֵר, יִפְתֹּר)

I solved the puzzle. פָּתַרְתִּי אֶת הַחִידָה.
I found the solution. מָצָאתִי אֶת הַפִּתְרוֹן.

solution, interpretation פִּתְרוֹן

צ, ץ צָדִי

Numerical value: 90

small cattle צֹאן

כְּבָשִׂים וְעִזִּים הֵם צֹאן.
Sheep and goats are small cattle.

turtle צָב

עֲגָלַת־צָב covered wagon

army צָבָא

צָבַט he pinched

(צוֹבֵט, יִצְבֹּט)

דּוֹדִי צָבַט אוֹתִי בְּלֶחְיִי.

My uncle pinched me on the cheek.

צְבִיטָה a pinch

צְבִי deer

צָבַע he painted

(צוֹבֵעַ, יִצְבַּע)

נֹעַם צָבַע אֶת הַמִּרְפֶּסֶת.

Noam painted the porch.

צֶבַע color, paint

צַבָּע painter

צְבִיעָה painting

צָבָר, צַבָּר cactus

צְבָת pliers, tongs

צַד, צְדָדִים (ר.) side

הַצִּדָּה! Make way! ("turn aside")

צָד he hunted, caught

(צָד, יָצוּד)

הַצַּיָּד צָד צְבִי בַּיַּעַר.

The hunter caught a deer in the forest.

צַיָּד hunter

צַיִד hunt, game

צֵידָה food, provisions for a journey

צֶדֶף, צְדָפִים (ר.)　sea shell

צָדַק　he was right

(צוֹדֵק, יִצְדַּק)

הַמּוֹרֶה צָדַק כִּי הֶעֱנִישׁ אוֹתִי.

The teacher was right in punishing me.

צֶדֶק	justice, right
צְדָקָה	justice, charity
צַדִּיק	righteous; pious man

צָהֹב, צְהֻבָּה (נ.)　yellow

צָהֳרַיִם　noon

אֲרֻחַת־צָהֳרַיִם　lunch

צַוָּאר　neck

צַוָּארוֹן　collar

צִוָּה　he ordered, commanded

(מְצַוֶּה, יְצַוֶּה)

הַמּוֹרֶה צִוָּה לָנוּ לָשֶׁבֶת בְּשֶׁקֶט.

The teacher ordered us to sit quietly.

צַו	a command
צִוּוּי	imperative in grammar
מִצְוָה	commandment, good deed
בַּר־מִצְוָה	(See under בַּר)

he shouted צָוַח

(צוֹוֵחַ, יִצְוַח)

Don't shout! אַל תִּצְוַח!

a shout צְוָחָה

submarine צוֹלֶלֶת

fast day צוֹם

Fast Day commemorating the צוֹם גְּדַלְיָה
assasination of Gedaliah,
Governor of Judea after destruction
of first Temple

gypsy צוֹעֲנִי

scout צוֹפֶה

siren צוֹפָר

whistle, shrill sound צְפִירָה

clear, pure צַח

he polished צִחְצֵחַ

(מְצַחְצֵחַ, יְצַחְצֵחַ)

אֲנִי מְצַחְצֵחַ אֶת הַנַּעֲלַיִם שֶׁלִּי.
I am polishing my shoes.

202

צָחַק he laughed

(צוֹחֵק, יִצְחַק)

אוּרִי סִפֵּר בְּדִיחָה וְכֻלָּנוּ צָחַקְנוּ.

Uri told a joke and we all laughed.

צְחוֹק laughter, joke

בַּת־צְחוֹק smile

צִי fleet

צִיּוּן grade, mark

צִיּוּנִים טוֹבִים good grades

צִיּוֹן Zion, Jerusalem, Land of Israel

צִיּוֹנִי Zionist

צִיּוֹנוּת Zionism

צִיצִית, צִיצִיּוֹת (ר.) fringe on prayer shawl

צִיֵּר he drew, painted

(מְצַיֵּר, יְצַיֵּר)

הַצַּיָּר צִיֵּר תְּמוּנָה יָפָה.

The artist painted a beautiful picture.

צַיָּר artist, painter

צִיּוּר painting, drawing

צוּרָה form

צֵל, צְלָלִים (ר.) shade, shadow

dish, plate צַלַּחַת

sound צְלִיל

he photographed צִלֵּם

(מְצַלֵּם, יְצַלֵּם)

צִלַּמְתִּי אֶת הַנָּהָר בַּמַּצְלֵמָה שֶׁלִּי.

I photographed the river with my camera.

photographer צַלָּם

photography, photograph צִלּוּם

camera מַצְלֵמָה

he limped צָלַע

(צוֹלֵעַ, יִצְלַע)

עוֹדֵד פָּצַע אֶת רַגְלוֹ וְהוּא צוֹלֵעַ.

Oded bruised his leg and he limps.

one who limps צוֹלֵעַ

he (it) rang צִלְצֵל

(מְצַלְצֵל, יְצַלְצֵל)

הַפַּעֲמוֹן מְצַלְצֵל בִּשְׁתֵּים־עֶשְׂרֵה.

The bell rings at twelve.

ring צִלְצוּל

thirst צָמָא, צִמָּאוֹן

thirsty צָמֵא

צַמָּה braid

צִמּוּק raisin

צָמַח he (it) grew

(צוֹמֵחַ, יִצְמַח)

פְּרָחִים יָפִים צוֹמְחִים בַּגַּן שֶׁלָּנוּ.

Beautiful flowers grow in our garden.

צֶמַח a plant

צָמִיד bracelet

צֶמֶר wool

צֶמֶרִיָּה sweater

צְנוֹן radish

צְנוֹנִית small radish

צִנָּה cold; cold air

אֲנִי מְצֻנָּן. I have a cold.

צִנּוֹר pipe

צִנְצֶנֶת jar

he stepped, marched   צָעַד

(צוֹעֵד, יִצְעַד)

We marched forward.   צָעַדְנוּ קָדִימָה.

a step   צַעַד

a step, marching   צְעִידָה

parade, march   מִצְעָד

young   צָעִיר

younger than   ... צָעִיר מ

toy   (ר.) צַעֲצוּעַ, צַעֲצוּעִים

he cried out, shouted   צָעַק

(צוֹעֵק, יִצְעַק)

הַיֶּלֶד הַטּוֹבֵעַ צָעַק: הַצִּילוּ!

The drowning boy cried: "Help!"

outcry, shout   צְעָקָה

pain, sorrow   צַעַר

I regret   לְצַעֲרִי

north   צָפוֹן

compass   מַצְפֵּן

crowded   צָפוּף

206

צִפּוֹר (נ.), צִפֳּרִים (ר.)   bird

הָאַנְקוֹר וְהַסְּנוּנִית הֵם צִפֳּרִים.
The sparrow and swallow are birds.

צִפְצֵף   he chirped

(מְצַפְצֵף, יְצַפְצֵף)

צִפּוֹר מְצַפְצֶפֶת מוּל חַלּוֹנִי.
A bird is chirping opposite my window.

צִפְצוּף   chirping

צְפַרְדֵּעַ (נ.)   frog

צִפֹּרֶן   fingernail, pen point, carnation

צַר   narrow; enemy

צַר לִי   I am sorry

צָרָה, צָרוֹת (ר.)   trouble

צָרוּד   hoarse

הִצְטַנַּנְתִּי וְקוֹלִי צָרוּד.
I caught cold and my voice is hoarse.

צָרַח   he shouted, cried out

(צוֹרֵחַ, יִצְרַח)

צְרִיחָה   a scream

צָרִיךְ   it is necessary

אֲנִי צָרִיךְ לָלֶכֶת.   I must go.

צֹרֶךְ   need

207

ק קוֹף

Numerical value: 100

cube   קֻבִּיָּה

blocks, dice   קֻבִּיּוֹת

he received   קִבֵּל

(מְקַבֵּל, יְקַבֵּל)

קִבַּלְתִּי מִכְתָּב מֵחֲבֵרִי בְּאֶרֶץ־יִשְׂרָאֵל.

I received a letter from my friend in Israel.

receipt, tradition, mysticism   קַבָּלָה
welcome, reception   קַבָּלַת פָּנִים
welcoming of the Sabbath   קַבָּלַת שַׁבָּת

he set, determined, fixed   קָבַע

(קוֹבֵעַ, יִקְבַּע)

קָבַעְנוּ זְמַן לִפְגִישָׁתֵנוּ.

We set a time for our meeting.

208

קִבֵּץ he gathered, collected

(מְקַבֵּץ, יְקַבֵּץ)

אִילָנָה מְקַבֶּצֶת אֶת כָּל הַבֻּבּוֹת שֶׁלָּהּ.

Ilana gathers together all her dolls.

group, cooperative settlement	קִבּוּץ, קְבוּצָה
ingathering of exiles	קִבּוּץ גָּלֻיּוֹת
collection, compilation	קֹבֶץ
beggar (one who collects alms)	קַבְּצָן

קָבַר he buried

(קוֹבֵר, יִקְבֹּר)

הַשּׁוֹדְדִים קָבְרוּ אֶת הָאוֹצָר.

The robbers buried the treasure.

grave	קֶבֶר
burial	קְבוּרָה

קָדַח he drilled; had fever

(קוֹדֵחַ, יִקְדַּח)

הַנַּגָּר קָדַח חוֹר בַּקֶּרֶשׁ.

The carpenter drilled a hole in the plank.

auger	מַקְדֵּחַ
drill	מַקְדֵּחָה
pistol, revolver	אֶקְדָּח
fever, malaria	קַדַּחַת

קֹדֶם before

קֹדֶם־כֹּל first of all

מֻקְדָּם (ת.), בְּהֶקְדֵּם (תה״פ) early

קָדִימָה (תה״פ) forward

צָעַדְנוּ קָדִימָה. We marched forward.

הַקְדָּמָה foreword, introduction, preface

קֹדֶשׁ, קְדֻשָּׁה holiness

אֲרוֹן־הַקֹּדֶשׁ Ark in which the Torah scrolls are kept

כִּתְבֵי־ (כְּתָבֵי־) הַקֹּדֶשׁ Bible

לְשׁוֹן־הַקֹּדֶשׁ Hebrew

עִיר־הַקֹּדֶשׁ Jerusalem

קָדוֹשׁ holy

קִדּוּשׁ prayer over wine (or bread) before Sabbath or holiday meal

קְדֻשָּׁה prayer recited during cantor's repetition of Amidah

קִדּוּשִׁין marriage ceremony

קַדִּישׁ mourner's prayer

מִקְדָּשׁ sanctuary

בֵּית־הַמִּקְדָּשׁ the Temple in Jerusalem

קֵהֶה, קֵהָה (נ.) dull, blunt

מַסּוֹר קֵהֶה a dull saw

סַכִּין קֵהָה a dull knife

assembled group קָהָל

community קְהִלָּה

choir מַקְהֵלָה

line, ray קַו

straight line קַו יָשָׁר

parallel lines קַוִּים מַקְבִּילִים

he hoped קִוָּה

(מְקַוֶּה, יְקַוֶּה)

אֲנִי מְקַוֶּה שֶׁאֶרְאֶה אוֹתְךָ מָחָר.

I hope that I will see you tomorrow.

hope תִּקְוָה

voice, sound קוֹל, קוֹלוֹת (ר.)

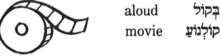

aloud בְּקוֹל

movie קוֹלְנוֹעַ

height; floor (in building) קוֹמָה

tall גְּבַהּ־קוֹמָה

man of stature בַּעַל־קוֹמָה

two-story house בַּיִת בֶּן־שְׁתֵּי־קוֹמוֹת

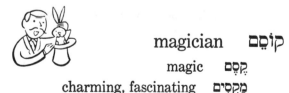

magician קוֹסֵם

magic קֶסֶם

charming, fascinating מַקְסִים

211

ape, monkey    קוֹף

thorn   קוֹץ

small, little   קָטָן, קָטֹן, קְטַנָּה (נ.)

very small   קְטַנְטָן

he picked, plucked   קָטַף

(קוֹטֵף, יִקְטֹף)

יוֹרָם קָטַף תַּפּוּחַ, וּדְבוֹרָה קוֹטֶפֶת פְּרָחִים.

Joram picked an apple, and Deborah is picking flowers.

steam engine, locomotive   קַטָּר

he kept promise, kept alive   קִיֵּם

(מְקַיֵּם, יְקַיֵּם)

I kept my promise.   קִיַּמְתִּי אֶת הַבְטָחָתִי.

fulfillment, existence,   קִיּוּם
preservation

summer   קַיִץ

summer resort   קַיְטָנָה

212

קִיר, קִירוֹת (ר.) wall

קַל, קַלָּה (נ.) easy, light

קַלּוּת ease

רוֹן עָשָׂה אֶת הַשִּׁעוּר בְּקַלּוּת.

Ron did the lesson easily.

קַלּוּת־דַּעַת, קַלּוּת־רֹאשׁ frivolity

קֹלֶב, קְלָבִים (ר.) clothes hanger

קַלְמָר pencil box

קִלֵּף he peeled

(מְקַלֵּף, יְקַלֵּף)

רָחֵל מְקַלֶּפֶת תַּפּוּחַ־זָהָב.

Rachel is peeling an orange.

קְלִפָּה peel

קְלָף, קְלָפִים (ר.) parchment, playing-card

קִלְקֵל he damaged, spoiled

(מְקַלְקֵל, יְקַלְקֵל)

אוּרִי קִלְקֵל אֶת הָאוֹפַנַּיִם שֶׁלִּי.

Uri damaged my bicycle.

קִלְקוּל damage

מְקֻלְקָל spoiled

קָם he rose, arose

(קָם, יָקוּם)

קַמְתִּי מִמְּקוֹמִי וְהָלַכְתִּי אֶל הַדֶּלֶת.

I rose from my place and went to the door.

קֶמַח flour

קֹמֶץ a pinch of

קֹמֶץ מֶלַח a pinch of salt

קַמְצָן miser

קַמְצָנוּת miserliness

קֻמְקוּם teapot, kettle

קֵן, קִנִּים (ר.) nest

קִנֵּא he was jealous, zealous

(מְקַנֵּא, יְקַנֵּא)

הַיְלָדִים קִנְּאוּ בִּי עַל הַפְּרָס שֶׁקִּבַּלְתִּי.

The children were jealous of me because of the prize I received.

קִנְאָה jealousy, zeal

קַנָּא, קַנָּאִי, קַנַּאי zealot, fanatic

he bought, acquired   קָנָה

(קוֹנֶה, יִקְנֶה)

אַבָּא קָנָה לִי רַחַת חֲדָשָׁה.

Father bought me a new tennis racket.

buyer, customer   קוֹנֶה, קוֹנִים (ר.)

buying, purchase   קְנִיָּה

acquisition, possession   קִנְיָן

inkwell   קֶסֶת

bowl;   קְעָרָה

Seder plate containing the Passover symbols

he (it) froze   קָפָא

(קוֹפֵא, יִקְפָּא)

 The water froze.   הַמַּיִם קָפְאוּ.

frozen   קָפוּא

freezer   מַקְפֵּא

money-box, box office, fund   קֻפָּה

porcupine   קִפּוֹד

215

he folded   קָפַל

(מְקַפֵּל, יְקַפֵּל)

אִמָּא מְקַפֶּלֶת אֶת הַבְּגָדִים.

Mother is folding the clothes.

a fold, folding   קִפּוּל

box   קֻפְסָה

he jumped   קָפַץ

(קוֹפֵץ, יִקְפֹּץ)

Ora jumps rope.   אוֹרָה קוֹפֶצֶת בְּחֶבֶל.

a jump, jumping   קְפִיצָה

a spring   קָפִיץ, קְפִיץ

diving board   מַקְפֵּצָה

end   קֵץ, קִצִּים (ר.)

edge   קָצֶה, קָצוֹת, קְצָווֹת (ר.)

rhythm   קֶצֶב

dole   קִצְבָּה

budget   תַּקְצִיב

butcher   קַצָּב

officer, official   קָצִין

hamburger, chopped meat   קְצִיצָה

he cut, harvested; was short   קָצַר

(קוֹצֵר, יִקְצֹר)

הָאִכָּר קוֹצֵר אֶת הַתְּבוּאָה.

The farmer is harvesting the wheat.

one who reaps grain	קוֹצֵר
harvest	קָצִיר
Festival of Harvest, Shavuoth	חַג הַקָּצִיר
lawn mower, harvesting machine	מַקְצֵרָה
short, brief	קָצָר

he shortened   קִצֵּר

(מְקַצֵּר, יְקַצֵּר)

Be brief.   קַצֵּר בִּדְבָרֶיךָ.

abbreviation, abridgment	קִצּוּר
in short	בְּקִצּוּר

a little; some   קְצָת

cold   קַר, קָרָה (נ.)

cool	קָרִיר
cold weather	קֹר
refrigerator	מְקָרֵר

he called, read   קָרָא

(קוֹרֵא, יִקְרָא)

אִמָּא קוֹרֵאת לִי מִן הַחַלּוֹן.

Mother calls to me from the window.

Father reads a newspaper.   אַבָּא קוֹרֵא עִתּוֹן.

reading   קְרִיאָה

reciting of the Shema prayer   קְרִיאַת שְׁמַע

Torah reader in the synagogue   בַּעַל־קְרִיאָה

reading; Scripture; assembly   מִקְרָא

reader, anthology   מִקְרָאָה

he came near, approached   קָרַב

(קָרֵב, יִקְרַב)

הַשַּׂחְיָן קָרַב אֶל הַמֵּזַח.

The swimmer approached the dock.

near; relative   קָרוֹב

soon   בְּקָרוֹב

offering, sacrifice   קָרְבָּן

telescope   מַקְרֶבֶת

refreshments   תִּקְרֹבֶת

ax   קַרְדֹּם

it happened   קָרָה

(קוֹרֶה, יִקְרֶה)

What happened to you?   מַה קָּרָה לְךָ?

accident, happening   מִקְרֶה

coach, streetcar   קָרוֹן

ice   קֶרַח

horn, ray, principal sum, fund   קֶרֶן

corner   קֶרֶן זָוִית

Jewish National Fund   קֶרֶן קַיֶּמֶת לְיִשְׂרָאֵל

he tore   קָרַע

(קוֹרֵעַ, יִקְרַע)

Yosi tore his trousers.   יוֹסִי קָרַע אֶת מִכְנָסָיו.

torn   קָרוּעַ

a tear   קֶרַע

circus   קִרְקָס

ground, soil   קַרְקַע (זו"נ), קַרְקָעוֹת (ר.)

board, plank   קֶרֶשׁ

קַשׁ straw

קַשִּׁית drinking straw

קָשֶׁה, קָשָׁה (נ.) hard, difficult

קֹשִׁי, קְשָׁיִים (ר.) difficulty

גָּמַרְתִּי אֶת הַתַּרְגִּיל בְּלִי קֹשִׁי.

I completed the exercise without difficulty.

קֻשְׁיָה question, difficulty

אַרְבַּע קֻשְׁיוֹת the Four Questions asked at the Seder table

קִשּׁוּא cucumber, squash

קִשֵּׁט he decorated

(מְקַשֵּׁט, יְקַשֵּׁט)

קִשַּׁטְנוּ אֶת הַבַּיִת לִכְבוֹד הֶחָג (הֶחָג).

We decorated the house in honor of the holiday.

קִשּׁוּט ornament, decoration

מְקֻשָּׁט decorated

קָשַׁר he tied

(קוֹשֵׁר, יִקְשֹׁר)

דָּן יוֹדֵעַ לִקְשֹׁר קְשָׁרִים שׁוֹנִים.

Dan knows how to tie different knots.

קֶשֶׁר knot, connection, conspiracy

bow (for shooting arrows), bow of a violin, rainbow, arc   קֶשֶׁת

archer   קַשָּׁת

ר רֵישׁ

Numerical value: 200

he saw   רָאָה

(רוֹאֶה, יִרְאֶה)

רָאִיתִי תָּכְנִית מְעַנְיֶנֶת בַּטֶּלֶוִיזְיָה.

I saw an interesting program on television.

sight, view, appearance	מַרְאֶה
mirror	מַרְאָה, רְאִי
it appears to me	נִרְאֶה לִי
So long! ("we'll be seeing one another")	לְהִתְרָאוֹת

worthy	רָאוּי
properly	כָּרָאוּי
evidence, proof	רְאָיָה
appointment	רֵאָיוֹן

עָרַכְתִּי רֵאָיוֹן עִם רוֹפֵא־הַשִּׁנַּיִם.

I arranged an appointment with the dentist.

movie   רְאִינוֹעַ

221

head, top, beginning   רֹאשׁ, רָאשִׁים (ר.)

New Moon, first day of the month   רֹאשׁ־חֹדֶשׁ

 New Year's day   רֹאשׁ־הַשָּׁנָה

chairman of meeting   יוֹשֵׁב־רֹאשׁ

abbreviations, initials   רָאשֵׁי־תֵּבוֹת

first   רִאשׁוֹן, רִאשׁוֹנָה (נ.)

beginning   רֵאשִׁית

---

large, many, much   רַב, רַבָּה (נ.)

many; plural in grammar   רַבִּים, רַבּוֹת (נ.)

large audience   קָהָל רַב

much money   כֶּסֶף רַב

many people   אֲנָשִׁים רַבִּים

majority   רֹב

plural   רִבּוּי

Rabbi   רַב, רַבִּי, רַבָּנִים (ר.)

 jam, jelly   רִבָּה

---

fourth   רְבִיעִי (ת.)

one-fourth, a quarter   רֶבַע

square, four-sided   רָבוּעַ (ת.)

a square   רִבּוּעַ

quartet, quadruplets   רְבִיעִיָּה

(See also under אַרְבָּעָה)

רֹגֶז anger

רָגִיל usual, customary

רֶגֶל (נ.), רַגְלַיִם (ר.) foot, leg

רֶגֶל (נ.), רְגָלִים (ר.) festival

שָׁלשׁ רְגָלִים the Three Festivals: Passover, Shavuoth and Succoth

רֶגַע, רְגָעִים (ר.) moment

רֶגֶשׁ feeling

רָגִישׁ sensitive

הַרְגָּשָׁה feeling, impression

רָדַף he chased, pursued; persecuted

(רוֹדֵף, יִרְדֹּף)

הַכֶּלֶב רוֹדֵף אַחֲרֵי הֶחָתוּל.

The dog chases the cat.

נוֹסְעֵי־הַצְּלָב רָדְפוּ אֶת הַיְּהוּדִים.

The Crusaders persecuted the Jews.

רְדִיפָה chase, persecution

רָהִיטִים furniture

gun, rifle   רוֹבֶה

wind, spirit   רוּחַ (זו"נ), רוּחוֹת (ר.)

space, profit   רֶוַח

peddler   רוֹכֵל

zipper   רוֹכְסָן

shepherd   רוֹעֶה

pasture   מִרְעֶה

druggist   רוֹקֵחַ

drugstore   בֵּית־מִרְקַחַת

thin, lean   רָזֶה

דָן הוּא רָזֶה וְעָמוֹס הוּא שָׁמֵן.

Dan is thin and Amos is fat.

wide, spacious   רָחָב

width, breadth   רֹחַב

street   רְחוֹב, רְחוֹבוֹת (ר.)

far, distant רָחוֹק

distance רֹחַק, מֶרְחָק

he pitied רִחֵם

(מְרַחֵם, יְרַחֵם)

רִחַמְתִּי עַל הָאִישׁ הֶעָנִי וְנָתַתִּי לוֹ אֶת כָּל כַּסְפִּי.

I pitied the poor man and gave him all my money.

pity רַחֲמִים, רַחֲמָנוּת

merciful רַחוּם, רַחֲמָן

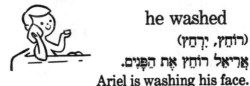

he washed רָחַץ

(רוֹחֵץ, יִרְחַץ)

אֲרִיאֵל רוֹחֵץ אֶת הַפָּנִים.

Ariel is washing his face.

washing, bathing רְחִיצָה

bathroom חֲדַר־רַחֲצָה

wet, moist רָטֹב, רְטֻבָּה (נ.)

juice, gravy רֹטֶב

strife, quarrel רִיב, מְרִיבָה

smell, odor רֵיחַ, רֵיחוֹת (ר.)

eyelash רִיס

empty רֵיק

225

רַךְ, רַכָּה (נ.)   soft, young

רָכַב   he rode

(רוֹכֵב, יִרְכַּב)

בַּקַּיִץ רָכַבְתִּי עַל סוּס.

During the summer I rode on a horse.

riding	רְכִיבָה
train	רַכֶּבֶת
chariot, coach	מֶרְכָּבָה

רְכוּשׁ   property

רָם   high, loud

a high tower	מִגְדָּל רָם
a loud voice	קוֹל רָם
loudspeaker	רַמְקוֹל

רִמּוֹן   pomegranate

רִמּוֹן־יָד   hand grenade

רָמַז   he motioned, hinted

(רוֹמֵז, יִרְמֹז)

הַסַּפְרָנִית רָמְזָה לָנוּ שֶׁנִּשְׁתֹּק (לִשְׁתֹּק).

The librarian motioned to us to be quiet.

רֶמֶז, רְמִיזָה   gesture, hint

רָמַס   he trampled

(רוֹמֵס, יִרְמֹס)

אַל תִּרְמֹס אֶת הַפְּרָחִים.

Don't trample the flowers.

רֶמֶשׂ, רְמָשִׂים (ר.) reptile

רִסֵּק he grated, crushed

(מְרַסֵּק, יְרַסֵּק)

אִמָּא מְרַסֶּקֶת תַּפּוּחֵי־אֲדָמָה בְּמַגְרֵדָה.

Mother is grating potatoes with a grater.

רֶסֶק תַּפּוּחִים applesauce

רֵעַ, רֵעִים (ר.) friend, fellow

רַע, רָעָה (נ.) bad

רָעָב, רְעָבוֹן hunger, famine

רָעֵב hungry

רָעַד he trembled, shook, shivered

(רוֹעֵד, יִרְעַד)

רָעַדְתִּי מִקֹּר. I shivered from (with) cold.

הוּא רָעַד מִפַּחַד. He shook from fear.

רַעַד, רְעָדָה trembling

רַעְיוֹן, רַעְיוֹנוֹת (ר.) thought, idea

רַעַל poison

thunder (ר.) רַעַם, רְעָמִים

fresh, green רַעֲנָן

refreshing מְרַעֲנֵן

noise רַעַשׁ

noisemaker, “gragger” רַעֲשָׁן

בְּפוּרִים מַרְעִישִׁים הַיְלָדִים בְּרַעֲשָׁנִים.

On Purim the children make noise with graggers.

he cured, healed רִפֵּא

(מְרַפֵּא, יְרַפֵּא)

הָרוֹפֵא רִפֵּא אֶת הַחוֹלֶה.

The doctor cured the sick man.

doctor, physician רוֹפֵא

dentist רוֹפֵא־שִׁנַּיִם

cure, healing, medicine רְפוּאָה

clinic, infirmary מַרְפֵּאָה, מִרְפָּאָה

raft רַפְסֹדָה

barn רֶפֶת

רָץ he ran

(רָץ, יָרוּץ)

דָּן רָץ לִתְפֹּס אֶת הַכַּדּוּר.

Dan ran to catch the ball.

runner, messenger	רָץ
running	רִיצָה
race	מֵרוֹץ
wheelbarrow	מְרִיצָה

רָצָה he wanted

(רוֹצֶה, יִרְצֶה)

אֲנִי רוֹצֶה לִלְמֹד הַנְדָּסָה.

I want to study engineering.

will, desire	רָצוֹן
willingly	בְּרָצוֹן
satisfied	שְׂבַע־רָצוֹן

רָצוּף consecutive, attached; paved

consecutive days	יָמִים רְצוּפִים
enclosed (in a letter)	רָצוּף בָּזֶה, רָצוּף פֹּה

רָצוּץ broken, crushed

רְצִינִי serious

רִצְפָּה, רְצָפוֹת (ר.) floor

רַק **only**

יֵשׁ לִי רַק עִפָּרוֹן אֶחָד.
I have only one pencil.

רֹק **saliva**

רָקַד **he danced**

(רוֹקֵד, יִרְקֹד)

רָקַדְנוּ הוֹרָה בְּמַעְגָּל.
We danced a Hora in a circle.

רַקְדָן **dancer**
רִקּוּד **dance**

רָקִיעַ **sky**
רֶקַע **background**

רָקַם **he embroidered**

(רוֹקֵם, יִרְקֹם)

אִמָּא רוֹקֶמֶת מַפָּה.
Mother is embroidering a tablecloth.

רִקְמָה **embroidery**

רְשׁוּת **permission, choice, domain**
רִשָּׁיוֹן, רִשְׁיוֹן **permit, license**

רַשְׁלָן **careless person**
רַשְׁלָנוּת **carelessness**

230

רָשַׁם he wrote, noted

(רוֹשֵׁם, יִרְשֹׁם)

רָשַׁמְתִּי אֶת הַכְּתֹבֶת שֶׁלּוֹ.

I wrote down his address.

רְשִׁימָה list, register, notes (pl.)

רָשׁוּם written down, registered

רֹשֶׁם impression

רִשְׁמִי (ת.) official

רָשָׁע wicked

רֶשַׁע, רִשְׁעָה, רִשְׁעוּת evil

רִשְׁרוּשׁ rustling of leaves

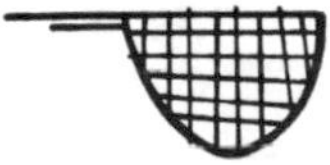

רֶשֶׁת net

רָתַח it boiled

(רוֹתֵחַ, יִרְתַּח)

הַמַּיִם רוֹתְחִים עַל הַתַּנּוּר.

The water is boiling on the stove.

רְתִיחָה boiling

רָתַם he harnessed

(רוֹתֵם, יִרְתֹּם)

הָאִכָּר רוֹתֵם אֶת הַסּוּס.

The farmer is harnessing the horse.

a harness רִתְמָה

שׁ, שׂ שִׁין, שִׂין

Numerical value: 300

שָׁאַב he drew water

(שׁוֹאֵב, יִשְׁאַב)

הָאִכָּר שׁוֹאֵב מַיִם מִן הַבְּאֵר.

The farmer is drawing water from the well.

pump מַשְׁאֵבָה

שָׁאַג he roared

(שׁוֹאֵג, יִשְׁאַג)

The lion roars. הָאֲרִי שׁוֹאֵג.

a roar שְׁאָגָה

noise שָׁאוֹן

שָׁאַל he asked

(שׁוֹאֵל, יִשְׁאַל)

הַמּוֹרֶה שׁוֹאֵל שְׁאֵלוֹת וְהַתַּלְמִידִים עוֹנִים.

The teacher asks questions and the students answer.

שְׁאֵלָה a question

שְׁאֵלוֹן questionnaire

שְׁאָר the rest, all other

שְׁאֵרִית remnant, remainder, survivors

שָׁב he returned

(שָׁב, יָשׁוּב)

אַבָּא יָשׁוּב הַבַּיְתָה בְּחָמֵשׁ.

Father will return home at five.

תְּשׁוּבָה answer, repentance

שׁוּב again

שׁוּב לֹא רָאִיתִי אוֹתוֹ. I did not see him again.

שָׁבוּי, שְׁבוּיִים (ר.) captive, prisoner of war

שְׁבִי. שֶׁבִי. שְׁבִיָּה captivity

שִׁבַּח he praised

(מְשַׁבֵּחַ, יְשַׁבֵּחַ)

הַמּוֹרֶה שִׁבַּח אוֹתִי. The teacher praised me.

שֶׁבַח, שְׁבָחִים (ר.) praise

שֵׁבֶט rod, tribe

עֲשֶׂרֶת הַשְּׁבָטִים the ten lost tribes of Israel

שְׁבִיל path, way

בִּשְׁבִיל for, for the sake of

שִׁבֹּלֶת, שִׁבֳּלִים (ר.) ear of grain

שָׂבֵעַ full, satiated

שְׂבַע־רָצוֹן satisfied

שְׂבִיעַת־רָצוֹן satisfaction

שׂבַע, שָׂבְעָה abundance

שִׁבְעָה (ז.), שֶׁבַע (נ.) seven

שִׁבְעָה־עָשָׂר, שְׁבַע־עֶשְׂרֵה (נ.) seventeen

שִׁבְעִים seventy

שְׁבִיעִי (ת.) seventh

שָׁבוּעַ, שָׁבוּעוֹת (ר.) week

חַג הַשָּׁבוּעוֹת Festival of Weeks

שִׁבְעָה־עָשָׂר בְּתַמּוּז Seventeenth of Tammuz—
fast day commemorating breach in walls of
Jerusalem by Babylonians in 586 B.C.E.

שְׁבוּעָה oath

234

he broke שָׁבַר

(שׁוֹבֵר, יִשְׁבֹּר)

Danny broke the window. דָּנִי שָׁבַר אֶת הַחַלּוֹן.

The window is broken. הַחַלּוֹן שָׁבוּר.

Sabbath שַׁבָּת, שַׁבָּתוֹת (ר.)

Sabbath eve: Friday עֶרֶב-שַׁבָּת

Sabbath greeting שַׁבַּת-שָׁלוֹם

Saturday night מוֹצָאֵי-שַׁבָּת

rest, strike שְׁבִיתָה

armistice שְׁבִיתַת-נֶשֶׁק

mistake, error שְׁגִיאָה

demon, devil שֵׁד

field שָׂדֶה, שָׂדוֹת (ר.)

airport שְׂדֵה-תְעוּפָה

matchmaker שַׁדְכָן

avenue שְׂדֵרָה

lamb, sheep שֶׂה (זו"נ), שֵׂיוֹת (ר.)

235

שׁוֹבָב mischievous

אוּרִי יֶלֶד שׁוֹבָב.
Uri is a mischievous boy.

הוּא מִשְׁתּוֹבֵב בַּמַּחְלָקָה.
He is mischievous in class.

שׁוֹבָךְ pigeon coop

שׁוֹגֵג unintentional

unintentionally בְּשׁוֹגֵג
(opposite is: בְּמֵזִיד)

שׁוֹדֵד, שׁוֹדְדִים (ר.) robber, bandit

pirates שׁוֹדְדֵי יָם

שָׁוֶה similar; is worth; equals

הַסְּפָרִים הָאֵלֶּה שָׁוִים.
These books are similar.

הֵם שָׁוִים הַרְבֵּה כֶּסֶף.
They are worth a lot of money.

equality	שִׁוְיוֹן
equation	מִשְׁוָאָה
equator	מַשְׁוֶה

שׁוֹחֵט One authorized to slaughter cattle and fowl according to Jewish ritual

ritual slaughtering שְׁחִיטָה

236

whip שׁוֹט

fool שׁוֹטֶה

foolishness, nonsense שְׁטוּת

policeman שׁוֹטֵר

police, police station מִשְׁטָרָה

any (with negative); garlic שׁוּם

I didn't say anything. לֹא אָמַרְתִּי שׁוּם דָּבָר.

because מִשּׁוּם

לֹא בָּאתִי לַמְּסִבָּה מִשּׁוּם שֶׁהָיִיתִי חוֹלֶה.

I didn't come to the party because I was sick.

why? מִשּׁוּם מָה?

fox שׁוּעָל

a judge שׁוֹפֵט

judgment, sentence (in court or composition) מִשְׁפָּט

court בֵּית־מִשְׁפָּט

ram's horn,  שׁוֹפָר

sounded in synagogue on Rosh Hashana
and close of Yom Kippur

market שׁוּק, שְׁוָקִים (ר.)

ox, bull שׁוֹר, שְׁוָרִים (ר.)

 row, line שׁוּרָה

הַיְלָדִים עוֹמְדִים בְּשׁוּרָה.
The children are standing in line.

rose שׁוֹשַׁנָּה, שׁוֹשַׁנִּים (ר.)

sunburned, tan שָׁזוּף

plum שָׁזִיף

 he swam שָׂחָה

(שׂוֹחֶה, יִשְׂחֶה)
הַיְלָדִים שׂוֹחִים בַּבְּרֵכָה.
The children are swimming in the pool.

swimming שְׂחִיָּה
swimmer שַׂחְיָן

שָׁחוֹר black

שִׂחֵק he played

(מְשַׂחֵק, יְשַׂחֵק)

הַיְלָדִים מְשַׂחֲקִים בְּמַחֲבוֹאִים.

The children are playing hide-and-seek.

מִשְׂחָק a game

שַׁחַר dawn

שַׁחֲרִית morning prayer

שָׁט he cruised, floated

(שָׁט, יָשׁוּט)

הָאֳנִיּוֹת שָׁטוֹת עַל פְּנֵי הַמַּיִם.

The boats are cruising on the water.

שַׁיִט rowing

מָשׁוֹט oar

שָׁטִיחַ rug, carpet

שָׁטַף he flooded, rinsed, washed

(שׁוֹטֵף, יִשְׁטֹף)

הַנָּהָר שָׁטַף אֶת הַשָּׂדֶה.

The river flooded the field.

יָעֵל שׁוֹטֶפֶת אֶת הַכּוֹס. Yael rinses the glass.

אִמָּא שָׁטְפָה אֶת הָרִצְפָּה.

Mother washed the floor.

שֶׁטֶף fluency

שִׁטָּפוֹן flood

שְׁטָר, שְׁטָרוֹת (ר.) document, note

שְׁטַר־חוֹב promissory note

שִׂיחַ bush

שִׂיחָה conversation, discussion

שַׁיָּךְ belongs to

לְמִי שַׁיָּךְ הַסֵּפֶר הַזֶּה?

To whom does this book belong?

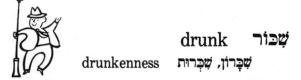

שָׁכַב he lay, lay down

(שׁוֹכֵב, יִשְׁכַּב)

הַיֶּלֶד הַחוֹלֶה שׁוֹכֵב בַּמִּטָּה.

The sick boy lies in bed.

שָׁכַבְתִּי לָנוּחַ עַל הַסַּפָּה.

I lay down to rest on the sofa.

שִׁכּוֹר drunk

שִׁכָּרוֹן, שִׁכְרוּת drunkenness

שָׁכַח he forgot

(שׁוֹכֵחַ, יִשְׁכַּח)

עֻזִּי שָׁכַח לְהָבִיא אֶת סְפָרָיו.

Uzzi forgot to bring his books.

שַׁכְחָן one who forgets

שֵׂכֶל, שֶׂכֶל good sense, intelligence

שְׁכֶם shoulder

שִׁכְמִיָּה cape

שָׁכֵן neighbor

שְׁכוּנָה neighborhood

שְׁכִינָה Divine Presence

שָׂכָר wage(s), payment, hire

שְׂכַר־דִּירָה rent

שְׂכַר־לִמּוּד tuition

מַשְׂכֹּרֶת salary, wage

שֶׁל belongs to, of

סֵפֶר זֶה שֶׁל דְּבוֹרָה וְסֵפֶר זֶה שֶׁלִּי.

This book is Deborah's and this one is mine.

זֶה סֵפֶר שֶׁל שִׁירִים. This is a book of songs.

שֶׁלִּי my, mine

שֶׁלּוֹ his

שֶׁלָּנוּ our, ours

rung of a ladder   שָׁלָב, שְׁלַבִּים (ר.)

snow   שֶׁלֶג

skeleton   שֶׁלֶד

peace; greeting: hello, goodbye   שָׁלוֹם

reply to greeting   שָׁלוֹם וּבְרָכָה

How are you?   מַה שְׁלוֹמְךָ? מַה שְׁלוֹמֵךְ? (נ.)

I am well.   שָׁלוֹם לִי.

greetings, regards   דְּרִישַׁת־שָׁלוֹם

Heaven forbid!   חַס וְשָׁלוֹם!

he sent   שָׁלַח

(שׁוֹלֵחַ, יִשְׁלַח)

שָׁלַחְתִּי מִכְתָּב לְאֶרֶץ־יִשְׂרָאֵל.

I sent a letter to Israel.

messenger   שָׁלִיחַ

Purim gifts   מִשְׁלוֹחַ מָנוֹת, שַׁלַּח מָנוֹת

table   שֻׁלְחָן, שֻׁלְחָנוֹת (ר.)

sign, placard; shield   שֶׁלֶט, שְׁלָטִים (ר.)

242

whole, complete, full שָׁלֵם, שְׁלֵמָה (נ.)

a complete book סֵפֶר שָׁלֵם

a whole meal אֲרֻחָה שְׁלֵמָה

A complete recovery! רְפוּאָה שְׁלֵמָה!
(greeting to a sick person)

he paid שִׁלֵּם

(מְשַׁלֵּם, יְשַׁלֵּם)

כַּמָּה שִׁלַּמְתָּ בְּעַד הַסֵּפֶר?

How much did you pay for the book?

payment תַּשְׁלוּם

three שְׁלֹשָׁה (ז.), שָׁלֹשׁ (נ.)

thirteen שְׁלֹשָׁה־עָשָׂר, שְׁלֹשׁ־עֶשְׂרֵה (נ.)

thirty שְׁלֹשִׁים

third שְׁלִישִׁי (ת.)

one-third שְׁלִישׁ

trio, triplets שְׁלִישִׁיָּה

the day before yesterday שִׁלְשׁוֹם

a chain שַׁלְשֶׁלֶת, שַׁרְשֶׁרֶת

name, noun שֵׁם, שֵׁמוֹת (ר.)

there שָׁם

I am here and he is there. אֲנִי פֹּה וְהוּא שָׁם.

he placed, put, set   שָׂם

(שָׂם, יָשִׂים)

הָרוֹפֵא שָׂם מַדְחֹם בְּפִי.

The doctor placed a thermometer in my mouth.

שַׂמְתִּי אֶת הַסֵּפֶר עַל הַשֻּׁלְחָן.

I put the book on the table.

he paid attention   שָׂם לֵב

attention   תְּשׂוּמֶת־לֵב

left hand, left side   שְׂמֹאל

left (ת.)   שְׂמָאלִי

דָּן מֵרִים אֶת יָדוֹ הַשְּׂמָאלִית.

Dan is raising his left hand.

he was happy   שָׂמַח

(שָׂמֵחַ, יִשְׂמַח)

רְפָאֵל שָׂמַח כִּי קִבֵּל תְּעוּדָה טוֹבָה.

Raphael was happy because he received a good report card.

happy (נ.)   שָׂמֵחַ, שְׂמֵחָה

happiness, joy   שִׂמְחָה

last day of Succoth   שִׂמְחַת־תּוֹרָה

(Rejoicing with the Torah)

blanket   שְׂמִיכָה

שָׁמַיִם heaven, sky

שִׂמְלָה, שְׂמָלוֹת (ר.) dress

שֶׁמֶן oil

שֻׁמָּן fat

שַׁמֶּנֶת cream

שָׁמֵן (ת.) fat

זֶה אִישׁ שָׁמֵן. This is a fat man.

הוּא אוֹכֵל מַאֲכָלִים שְׁמֵנִים. He eats fat foods.

שְׁמוֹנָה (ז.), שְׁמוֹנֶה (נ.) eight

שְׁמוֹנָה־עָשָׂר, שְׁמוֹנֶה־עֶשְׂרֵה (נ.) eighteen

שְׁמוֹנִים eighty

שְׁמִינִי (ת.) eighth

שְׁמִינִי עֲצֶרֶת eighth day of Succoth

שְׁמוֹנֶה־עֶשְׂרֵה Amidah (prayer of eighteen benedictions)

שָׁמַע he heard

(שׁוֹמֵעַ, יִשְׁמַע)

שָׁמַעְתִּי שֶׁאוֹרָה חוֹלָה. I heard that Ora is sick.

שְׁמִיעָה hearing

שְׁמוּעָה report, news

מִשְׁמַעַת discipline

שָׁמַר he watched, guarded

(שׁוֹמֵר, יִשְׁמֹר)

אֲנִי שׁוֹמֵר עַל אָחִי הַקָּטָן כַּאֲשֶׁר הוֹרַי יוֹצְאִים בָּעֶרֶב.

I watch my little brother when my parents go out in the evening.

watchman	שׁוֹמֵר
watching, guarding	שְׁמִירָה

שַׁמָּשׁ sexton, attendant

שֶׁמֶשׁ (זו"נ) sun

windowpane	שִׁמְשָׁה
parasol	שִׁמְשִׁיָּה

שֵׁן (נ.), שִׁנַּיִם (ר.) tooth

שָׂנֵא he hated

(שׂוֹנֵא, יִשְׂנָא)

כְּשֶׁהָיִיתִי קָטָן שָׂנֵאתִי תֶּרֶד.

When I was small I hated spinach.

enemy	שׂוֹנֵא
hatred	שִׂנְאָה

שָׁנָה, שָׁנִים (ר.) year

two years	שְׁנָתַיִם
yearbook	שְׁנָתוֹן
yearly, annual	שְׁנָתִי (ת.)

שִׁנָּה he changed

(מְשַׁנֶּה, יְשַׁנֶּה)

הַמּוֹרֶה שִׁנָּה אֶת מְקוֹמִי.

The teacher changed my place.

a change שִׁנּוּי

different שׁוֹנֶה

הַכַּדּוּר הָאֶחָד שׁוֹנֶה מִן הָאַחֵר.

One ball is different from the other.

שְׁנַיִם, שְׁנֵי (ס.) two

שְׁתַּיִם (נ.), שְׁתֵּי (ס.)

twelve שְׁנֵים־עָשָׂר, שְׁתֵּים־עֶשְׂרֵה (נ.)

second שֵׁנִי, שְׁנִיָּה (נ.)

again, a second time שֵׁנִית

a second שְׁנִיָּה

שָׁעָה hour, time

watch, clock שָׁעוֹן

watchmaker שֶׁעָן

during בִּשְׁעַת

שִׁעוּל a cough

whooping cough שַׁעֶלֶת

עֻזִּי הִשְׁתַּעֵל כָּל הַלַּיְלָה.

Uzzi coughed all night.

lesson, measure   שִׁעוּר

he bored   שִׁעֲמֵם

(מְשַׁעֲמֵם, יְשַׁעֲמֵם)

The book bored me.   הַסֵּפֶר שִׁעֲמֵם אוֹתִי.

boredom   שִׁעֲמוּם

boring   מְשַׁעֲמֵם

gate, entrance   שַׁעַר, שְׁעָרִים (ר.)

doorman, goalkeeper   שׁוֹעֵר

hair   שֵׂעָר

a single hair   שַׂעֲרָה, שְׂעָרוֹת (ר.)

barley   שְׂעֹרָה, שְׂעֹרִים (ר.)

lip, language, edge   שָׂפָה

lips   שְׂפָתַיִם

languages, edges   שָׂפוֹת

seashore   שְׂפַת הַיָּם

maidservant   שִׁפְחָה

he poured, spilled   שָׁפַךְ

(שׁוֹפֵךְ, יִשְׁפֹּךְ)

הוּא שָׁפַךְ אֶת הַמַּיִם מִן הַבַּקְבּוּק.

He poured the water from the bottle.

bloodshed   שְׁפִיכוּת־דָּמִים

funnel   מַשְׁפֵּךְ

moustache   שָׂפָם

rabbit   שָׁפָן

abundance   שֶׁפַע

he rubbed, scoured   שִׁפְשֵׁף

(מְשַׁפְשֵׁף, יְשַׁפְשֵׁף)

הַצּוֹפֶה שִׁפְשֵׁף אֶבֶן בְּאֶבֶן וְהִדְלִיק אֶת הַמְּדוּרָה.

The scout rubbed two stones together and lit the campfire.

אִמָּא מְשַׁפְשֶׁפֶת אֶת הַכֵּלִים.

Mother scours the dishes.

sack, bag   שַׂק

small sack, bag   שַׂקִּיק, שַׂקִּית

almond, almond tree   שָׁקֵד

almonds, tonsils   שְׁקֵדִים

almond tree   שְׁקֵדִיָּה

249

transparent **שָׁקוּף**

eyeglasses מִשְׁקָפַיִם

telescope, field glasses מִשְׁקֶפֶת

quiet, silence **שֶׁקֶט**

quiet שָׁקֵט (ת.)

Ami is a quiet boy. עַמִּי יֶלֶד שָׁקֵט.

diligence **שְׁקִידָה**

he weighed **שָׁקַל**

(שׁוֹקֵל, יִשְׁקֹל)

הַחֶנְוָנִי שָׁקַל אֶת הַגְּבִינָה.

The storekeeper weighed the cheese.

weight; word pattern מִשְׁקָל

he sank, set, descended **שָׁקַע**

(שׁוֹקֵעַ, יִשְׁקַע)

הָעֲגָלָה שָׁקְעָה בַּבֹּץ.

The wagon sank in the mud.

sunset שְׁקִיעַת הַחַמָּה

he lied שִׁקֵּר

(מְשַׁקֵּר, יְשַׁקֵּר)

מַתִּי הוּא שַׁקְרָן וְהוּא מְשַׁקֵּר תָּמִיד.
Matty is a liar and he always lies.

a lie שֶׁקֶר
a liar שַׁקְרָן

high official; ruler שַׂר, שָׂרִים (ר.)

foreign minister שַׂר־הַחוּץ
defense minister שַׂר־הַבִּטָּחוֹן
army officer שַׂר־צָבָא

he sang שָׁר

(שָׁר, יָשִׁיר)

I sing in a choir. אֲנִי שָׁר בְּמַקְהֵלָה.

song, poem שִׁיר
singing, poetry שִׁירָה
songster שִׁירוֹן
singer, poet מְשׁוֹרֵר

sleeve שַׁרְווּל

shoelace שְׂרוֹךְ

שֵׁרוּת (ז.) service

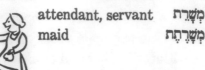

מְשָׁרֵת attendant, servant

מְשָׁרֶתֶת maid

שָׂרַט he scratched

(שׂוֹרֵט, יִשְׂרֹט)

הֶחָתוּל שָׂרַט אוֹתִי. The cat scratched me.

שָׂרֶטֶת, שְׂרִיטָה a scratch

שָׁרִיר, שְׁרִיר, שְׁרִירִים (ר.) muscle

שָׂרַף he burned

(שׂוֹרֵף, יִשְׂרֹף)

שָׂרַפְתִּי אֶת הֶעָלִים הַיְבֵשִׁים.

I burned the dry leaves.

שְׂרֵפָה a fire

שָׁרַק he whistled

(שׁוֹרֵק, יִשְׁרֹק)

הַשּׁוֹטֵר שׁוֹרֵק בְּמַשְׁרוֹקִית.

The policeman is whistling with a whistle.

שְׁרִיקָה חַדָּה a sharp whistle

מַשְׁרוֹקִית whistle

שֹׁרֶשׁ, שָׁרָשִׁים (ר.) root

שִׁשָּׁה (ז), שֵׁשׁ (נ.) six

שִׁשָּׁה-עָשָׂר, שֵׁשׁ-עֶשְׂרֵה (נ.) sixteen

שִׁשִּׁי (ת.) sixth

שִׁשִּׁית one-sixth

שִׁשִּׁים sixty

שָׁתָה he drank

(שׁוֹתֶה, יִשְׁתֶּה)

אֲנִי שׁוֹתֶה מִיץ בְּקַשִּׁית.

I drink juice with a straw.

שְׁתִיָּה drinking

מִשְׁתֶּה banquet, feast

שָׁתַל he planted

(שׁוֹתֵל, יִשְׁתֹּל)

שָׁתַלְתִּי עֵץ בֶּחָצֵר שֶׁלָּנוּ.

I planted a tree in our yard.

שָׁתִיל sapling, young tree

שֻׁתָּף partner

שֻׁתָּפוּת partnership

שָׁתַק he was silent

(שׁוֹתֵק, יִשְׁתֹּק)

לֹא יָדַעְתִּי אֶת הַתְּשׁוּבָה וְלָכֵן שָׁתַקְתִּי.

I did not know the answer and therefore I
was silent.

שְׁתִיקָה silence

253

ת תָּיו

Numerical value: 400

appetite   תֵּאָבוֹן

Good appetite!   לְתֵאָבוֹן!, בְּתֵאָבוֹן!

twin   תְּאוֹם, תְּאוֹמִים (ז. ר.)

theatre   תֵּאַטְרוֹן

fig, fig tree   תְּאֵנָה

figs   תְּאֵנִים

he described   תֵּאֵר

(מְתָאֵר, יְתָאֵר)

תֵּאֵר אֶת הַתְּמוּנָה שֶׁרָאִיתָ.

Describe the picture that you saw.

description   תֵּאוּר

form, title, adjective   תֹּאַר

adverb   תֹּאַר־הַפֹּעַל

box, written word   תֵּבָה

Noah's ark   תֵּבַת נֹחַ

mailbox   תֵּבַת־דֹּאַר

(often abbreviated: ת. ד.)

254

תְּבוּאָה grain

הַחִטָּה וְהַשְּׂעֹרָה הֵן תְּבוּאוֹת.
Wheat and barley are grains.

תְּבִיעָה claim, demand

straw תֶּבֶן

reaction תְּגוּבָה

תּוֹדָה Thank you; thanks

תָּוֶךְ, תּוֹךְ (.ס) middle, inside

בְּתוֹךְ inside

דָּנִי מְשַׂחֵק בְּתוֹךְ הַבַּיִת וְהַכֶּלֶב שֶׁלּוֹ בַּחוּץ.
Danny is playing inside the house and his
dog is outside.

מִתּוֹךְ from, from inside

אֲנִי שׁוֹמֵעַ קוֹל מִתּוֹךְ הַבַּיִת.
I hear a voice from inside the house.

תּוֹלַעַת worm

255

use, benefit תּוֹעֶלֶת

useless לְלֹא תּוֹעֶלֶת

product תּוֹצֶרֶת

product of Israel תּוֹצֶרֶת אֶרֶץ־יִשְׂרָאֵל

line, turn תּוֹר

הַיְלָדִים עוֹמְדִים בַּתּוֹר.

The children are standing in line.

My turn came. הִגִּיעַ תּוֹרִי.

one whose turn it is תּוֹרָן

as, in the role of בְּתוֹר

הוּא הוֹפִיעַ בַּמַּחֲזֶה בְּתוֹר דָּוִד הַמֶּלֶךְ.

He appeared in the play as King David.

Five Books of Moses, Pentateuch, Law; תּוֹרָה
learning, teaching; theory

Torah scroll סֵפֶר תּוֹרָה

berry תּוּת

raspberry תּוּת־סְנֶה
strawberry תּוּת־שָׂדֶה

cannon תּוֹתָח

at first, beginning   תְּחִלָּה

תְּחִלָּה חֲשֹׁב וְאַחַר־כָּךְ תְּדַבֵּר.
First think and then speak.

בִּתְחִלַּת הַסֵּפֶר קָרָאתִי תֵּאוּר מְעַנְיֵן.
At the beginning of the book I read an interesting description.

station   תַּחֲנָה

under, in place of   תַּחַת

הַיְלָדִים יוֹשְׁבִים תַּחַת הָעֵץ.
The children are sitting under the tree.

הוּא הֵשִׁיב רָעָה תַּחַת טוֹבָה.
He returned evil for good.

underpants	תַּחְתּוֹנִים
slip	תַּחְתּוֹנִית
subway	תַּחְתִּית

baby   תִּינוֹק, תִּינוֹקוֹת (ר.)

briefcase, handbag   תִּיק

tourist   תַּיָּר

 sweet corn תִּירָס

male goat תַּיִשׁ

parrot תֻּכִּי

sky blue תְּכֵלֶת

content, contents תֹּכֶן
program תָּכְנִית

immediately תֵּכֶף, תֵּכֶף וּמִיָּד
frequently תְּכוּפוֹת, לְעִתִּים תְּכוּפוֹת
אֲנִי שׁוֹמֵעַ מִמֶּנּוּ תְּכוּפוֹת.
I hear from him frequently.

he hung תָּלָה
(תּוֹלֶה, יִתְלֶה)
תָּלִיתִי אֶת הַמְּעִיל עַל הַקּוֹלָב.
I hung the coat on the hanger.
hanging; dependent on תָּלוּי
gallows תְּלִיָּה

258

pupil, student   תַּלְמִיד
scholar   תַּלְמִיד־חָכָם

curl   תַּלְתַּל

whole, honest, naive   תָּם, תָּמִים

picture   תְּמוּנָה

always   תָּמִיד
Eternal Light   נֵר תָּמִיד

essence, summary   תַּמְצִית

date, date palm   תָּמָר, תְּמָרִים (ר.) 
date palm   תֹּמֶר

condition   תְּנַאי

אֲנִי אֶתֵּן לְךָ אֶת הַסֵּפֶר בִּתְנַאי שֶׁתַּחֲזִיר אוֹתוֹ מָחָר.
I will give you the book on the condition
that you return it tomorrow.

oven, stove   תַּנּוּר

crocodile   תַּנִּין

Bible תַּנַ"ךְ

(initial letters of תּוֹרָה נְבִיאִים כְּתוּבִים
Torah, Prophets and Writings)

he wandered, was lost תָּעָה

(תּוֹעֶה, יִתְעֶה)

הַיֶּלֶד תּוֹעֶה בַּיַּעַר.
The boy is lost in the forest.

report card, certificate תְּעוּדָה

fast day תַּעֲנִית

Fast of Esther (before Purim) תַּעֲנִית אֶסְתֵּר

razor תַּעַר

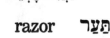

drum תֹּף, תֻּפִּים (ר.)

apple תַּפּוּחַ

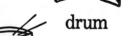

potato תַּפּוּחַ־אֲדָמָה

orange תַּפּוּחַ־זָהָב, תַּפּוּז

תְּפִלָּה prayer

בֵּית־תְּפִלָּה synagogue

תְּפִלִּין phylacteries

תָּפַס, תָּפַשׂ he caught, grasped

(תּוֹפֵס, יִתְפֹּס)

יוֹנָתָן תָּפַס אֶת הַכַּדּוּר.

Jonathan caught the ball.

תָּפוּס, תָּפוּשׂ taken, occupied

תְּפִיסָה grasp, taking hold; prison

תָּפַר he sewed

(תּוֹפֵר, יִתְפֹּר)

אִמָּא תָּפְרָה שִׂמְלָה חֲדָשָׁה בִּשְׁבִיל דְּבוֹרָה.

Mother sewed a new dress for Deborah.

תְּפִירָה sewing

תְּקוּפָה season, era

תַּקְלִיט phonograph record

תִּקֵּן he repaired, corrected

(מְתַקֵּן, יְתַקֵּן)

הַשָּׁעָן תִּקֵּן אֶת הַשָּׁעוֹן שֶׁלִּי.

The watchmaker repaired my watch.

תִּקּוּן repair, correction

he blew the Shofar; drove, thrust תָּקַע

(תּוֹקֵעַ, יִתְקַע)

הַשַּׁמָּשׁ תּוֹקֵעַ בַּשּׁוֹפָר.

The sexton is blowing the Shofar.

הוּא תָּקַע מַסְמֵר בַּקִּיר.

He drove a nail into the wall.

sound of Shofar; thrust תְּקִיעָה

handclasp in oath תְּקִיעַת־כַּף

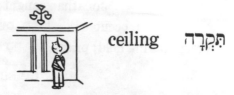

ceiling תִּקְרָה

culture, civilization תַּרְבּוּת

cultural, cultured תַּרְבּוּתִי

translation תַּרְגּוּם

Aramaic version of the Bible תַּרְגּוּם

exercise, drill תַּרְגִּיל

spinach תֶּרֶד

contribution, gift תְּרוּמָה

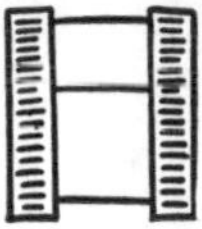

shutter תְּרִיס

knapsack תַּרְמִיל

mast, flag pole תֹּרֶן

rooster תַּרְנְגוֹל

hen, chicken תַּרְנְגֹלֶת

turkey תַּרְנְגוֹל־הֹדּוּ

answer, repentence תְּשׁוּבָה

repentent person בַּעַל־תְּשׁוּבָה

nine תִּשְׁעָה (ז.), תֵּשַׁע (נ.)

nineteen תִּשְׁעָה־עָשָׂר, תְּשַׁע־עֶשְׂרֵה (נ.)

ninth תְּשִׁיעִי (ת.)

ninety תִּשְׁעִים

Ninth of Av— fast day תִּשְׁעָה בְּאָב
commemorating destruction of Temple
in 586 B.C.E. and 70 C.E.

Wear it well! תִּתְחַדֵּשׁ, תִּתְחַדְּשִׁי (נ.)